錯抱中國共產黨，美國如何修正最致命的戰略失誤？

親密敵人

AMERICA'S GREATEST
STRATEGIC FAILURE

JAMES E. FANELL、BRADLEY A. THAYER
詹姆斯・法內爾、布拉德利・塞耶——著

EMBRACING COMMUNIST CHINA

前白宮首席策略長 Stephen K. Bannon
史蒂芬・班農｜前言｜

高仲良——譯

獻辭

獻給我的父親，感謝他教導我成功的真諦——順服上帝，以及暱稱「麥克」的唐納德・蕭爾斯（Donald M. “Mac” Showers）海軍少將，他耐心地分享了他在對中途島戰役做出重大貢獻的指揮官約瑟夫・羅切福特（Joseph J. Rochefort）麾下工作的經驗。這三位男士都奉行一句格言：「只要你不在乎功勞名聲落在誰身上，就會有無可限量的成就。」

詹姆士・法內爾

獻給這些具有深刻見解、機智、愛國並且無畏的戰略家、學者、記者與實踐者：史蒂芬・班農（Stephen K. Bannon）、保羅・伯克維茲（Paul Berkowitz）、章家敦（Gordon Chang）、金德芳（June Teufel Dreyer）、詹姆士・法內爾（James Fanell）、瑞克・費雪（Rick Fisher）、法蘭克・加夫尼（Frank Gaffney）、比爾・戈茨（Bill Gertz）、韓連潮（Lianchao Han）、布萊恩・甘迺迪（Brian Kennedy）、查爾斯・庫珀曼（Charles Kupperman）、李潔明（James Lilley）、安德魯・馬歇爾（Andrew Marshall）、安德魯・梅（Andrew May）、孟捷慕（James Mann）、莫拉・莫伊尼漢（Maura Moynihan）、彼得・納瓦羅（Peter Navarro）、格蘭特・紐夏（Grant Newsham）、威廉・崔普雷二世（William Triplett）、林霨（Arthur Waldron）、賴瑞・沃爾茲（Larry Wortzel）。他們具備卓越的戰略眼光，能在大多數人故意對威脅視而不見、充耳不聞、不以為意、抱持天真理想，甚至還主動協助敵人的情況下，洞察危機並提出警告。

布拉德利・塞耶

推薦語

法內爾、塞耶兩位的著作《親密敵人》全面深入檢視了過去四十年來，美國國家安全體系在認識中國威脅方面的失敗。儘管威脅日益明顯，卻一直未被正視，尤其堪憂的是，中國曾多次以明確、具挑釁性的言辭公開表達其意圖，這些都是明確的警訊，但直到今天，美國的心態仍是「希望威脅自行消失」，而不是面對。在當前中國對印太地區及美國的威脅情勢下，本書的發掘與第一手觀察格外重要。這本優秀著作也提出了具體可行的解決方案，旨在重建美國對抗中國的國防實力，這些方案應當火速採納並實施。

——**前美國第七艦隊指揮官，退役海軍中將　約翰・博德（John Bird）**

美國兩百多年來的各項外交政策錯誤、失敗與災難當中，有一項最為突出，冷戰結束後，華盛頓未能了解好戰的中華人民共和國，並做出防範。法內爾、塞耶兩位告訴我們，美國該如何避免這場迫在眉睫的災難。

——**美國新聞記者、律師、政治評論人與作家　章家敦（Gordon Chang）**

成功的戰略，先要理解過去與現在，方能著眼於未來。法內爾、塞耶兩位的新書《親密敵人》提供了全新觀點，檢討美國過去與現在對中政策上的失敗。對於想要真正了解美國面臨中國威脅的人來說，這是一本必讀之作。

——**前美國海軍情報部部長，退役海軍少將　湯尼．柯斯隆（Tony L. Cothron）**

法內爾、塞耶兩位長期以來一直警告中國對美國安全構成的多重威脅。現在他們全面分析了美國為何以近乎自我毀滅的盲目狀態，忽視了顯而易見的中國挑戰。本書詳實記錄了美國對於共產主義的企圖是多麼天真、傲慢、自以為美國的優勢是永續的，加上菁英階層的自私自利，如何共同促成中國從美國身上盜取龐大的影響力與權力。這是在「最終時刻」所提出的一份藍圖，難能可貴、迫切亟需、學識淵博，說明了美國人該如何覺醒，重建國防，停止助長中國的重商主義，並重建戰略嚇阻力量，來保護我們的盟友與自身安全。

——**史丹佛大學胡佛研究所資深研究員　維克多．戴維斯．漢森（Victor Davis Hanson）**

美國正身處於第三次世界大戰之中。這場戰爭是由中國共產黨發動的，目的是要主宰全球。法內爾、塞耶所著的《親密敵人》是一本戰略與政治的重要著作，兩位作者揭示了美國國防與政治建制在共產中國的本質面前，如何進行自我欺騙，以及誤判對國家生存造成的嚴重後果。保衛美國需採取哪些步驟？任何想了解的人都應該讀這本書。

——**美國戰略集團總裁，應對中國當前危險委員會主席**
布萊恩．甘迺迪（Brian T. Kennedy）

我讚賞法內爾上校與塞耶博士的精彩闡述，美國情報、軍事、金融、高等教育等機構犯下災難性錯誤，未能在中國共產黨的滲透與征服下捍衛國家。這是一段關於菁英被收買、戰略無能與可恥貪婪的悲哀故事，在作者嚴謹、精確的筆觸下一一呈現。眼下已是危急時刻，中共正對美國發動所謂的「人民戰爭」，因此我呼籲每一位美國公民閱讀這本書，認真看待兩位作者的嚴厲警告。

——自由亞洲電台西藏線記者，作家　莫拉．莫伊尼漢（Maura Moynihan）

《親密敵人》針對美國過去五十年的對中綏靖政策，做出了空前卓越的剖析。法內爾、塞耶兩位作者對於美國聯邦官僚體系如何拒絕面對中共，有著深刻的洞察，與我在川普第一任政府四年服務期間的親身經歷完全一致。除了揭露這段令人憤慨的歷史，兩位作者也提出了明智的建議，說明美國該如何重返川普總統所開啟的正確外交路線。

——美國總統顧問，白宮貿易與製造業政策辦公室主任　彼得．納瓦羅（Peter Navarro）

法內爾、塞耶兩位作者的著作出現在美國歷史的關鍵時刻，此刻美國正面臨最具實力的對手「中共」。正如兩位作者所指出，中共已經掌握了美國大部分的菁英階層。每當川普政府要對中國採取防衛行動時，白宮的總機就會被來自華爾街金融鉅子、好萊塢大片商與拉斯維加斯賭場大亨的電話淹沒，都來要求政府改變政策。法內爾與塞耶說得對，我們真的是出問題了。

——前美國國家安全顧問　羅伯特·歐布萊恩（Robert C. O' Brien）

《親密敵人》提供了全新的視角，檢討冷戰結束後美國對中政策的失敗。本書所提出的觀點相當寶貴，有助於我們探討目前美國該如何應對共產黨領導的中國。

——美國國務卿，前美國聯邦參議員　馬可·盧比歐（Marco Rubio）

目錄

第三章　給美國的指南方針

前言

史上最大的一場背叛，莫過於美國菁英與中國共產黨（CCP，以下簡稱中共）的結盟，這是針對美國人民與中國人民的一場大背叛。華爾街以及政府內部的政策專家們，已經持續資助並支持中共好幾十年。這樣的支援讓中共得以持續掌權，強化不正當的暴政統治，並不斷摧殘中國人民。這樣的支援還使得中國的軍事力量年年增長，使美國面臨空前巨大的外在威脅，美國及盟國所面對的國家安全威脅也持續增強、日益緊迫。

華爾街以及大財團所造成的巨大傷害，不僅限於中國。他們造就荒謬的政策，將美國的製造業與就業機會外包到中國，導致美國的藍領與中產階級遭到摧毀。同樣地，他們還促使美國的智慧財產權和製造技術流失到中國那邊。一言以蔽之，他們劫掠美國人。中共還資助一種化學武器，即毒品「芬太尼」（fentanyl），導致許多美國人賠掉生命，失去健康與幸福。

中國與美國華爾街、國安菁英所締結的邪惡夥伴關係，充分運用他們的財力及影響力來腐蝕美國政治體系，包括兩黨的政客們，藉以攫取政治權力。這早在柯林頓任內就已經開始，接著在各任總統一路延續下來，除了一個重要的例外，就是「川普」。唯有川普認知到中共的真正本質與對美國人民的實際威脅。

他們用利益來顛覆、污染美國的教育體系、大學、傳統媒體、社群媒體、律師事務所、矽谷等科技重鎮、出版社、慈善基金、非政府組織、智庫、各州與各級地方政府、商會。實際上，腐敗的情況愈來愈嚴重，與其列出被中共腐化的團體清單，還不如列出未被中共腐化的清單來得容易。

首先，詹姆士．法內爾與布拉德利．塞耶這兩位作者踏出第一步，撰寫《親密敵人：錯抱中國共產黨，美國如何修正最致命的戰略失誤？》向大家揭露出這些背叛行為，並解析該如何在這個危局當中拯救美國。關於美國如何犯下資敵的致命錯誤，本書會有最佳的分析。

冷戰的結束，原本是使中共垮台的最佳機會，中共領導者也深知這一點，他們下定決心不能重蹈蘇聯的覆轍。中共領導者發現，可以收買美國華爾街、大財團、政客的影響力，來變成己方同志，如此一來這些人為了支持中共的統治，做什麼都行。中共真是撒旦般的天才啊。但這招會有效的前提是，在華爾街、大財團及美國政府內部，需要有那些美國人把自身貪婪置於國家利益之上。結果還真的有，現在美國人民必須付出代價了。

其次，本書獨到之處在於展現出歷任美國總統、美國智庫與軍方的對中行動是多麼失敗，除了川普例外。他們長年面對眼前的威脅，毫無作為，刻意放任美國軍事力量優勢一直減低（相較於中國解放軍的優勢），以至於現在美國面對沉重的軍事壓力，其規模與戰力都難以應對中共的威脅，尤其是海軍的部分。同時，美國核武力量的萎縮，但中國的核武力量卻飛速成長。他們對於極權政治與共產主義意識形態的理解，始終停留在幻想與神話。如果讀者要掌握到關於中共的殘酷事實，本書所提供的都是必要的工具。到目前為止，美國的國家安全智庫仍舊難以察覺到威脅並採取行動。於是中國就這麼一路暢行無阻地崛起了，對美國構成生存的威脅，這實在是美國國安最大的失敗。

第三，本書的研究告訴大家，在面對威脅時應該採取哪些立即的步驟。美國的國安菁英們首先必須認錯，承認他們的失敗，然後在國家這艘大船上緊緊地掌穩舵，根據「強權政治」（Power Politics）的政治原理來對抗中國。在外交政策圈，要成功扭轉船舵方向，必須持續不斷施力好幾年才行。光從拜登政府的高級閣員突然恢復訪問中國，就可以清楚看到這有多麼難了。

但美國所需採取的最重要步驟，就是直接面對中共威脅。只要打倒中共，施加於中國人民身上的枷鎖將會解除，中國人民的偉大才可能得以真正浮現。打倒中共，美國人民將消除二十一世紀美國安全保障的最大威脅。打倒中共，才能消滅他們對於人民以及環境的剝削。

儘管美國先前已鑄下滔天大錯，領導者幼稚、無知，美國的國安界也離譜地一錯再錯，但美國終將擊敗中共。因為中共自己現在也存在著巨大致命弱點，猶如一個泥足巨人，根基不穩，只要美國採取行動，便足以將中共扔進歷史的垃圾桶。本書兩位作者法內爾和塞耶警告，現在該是打倒中共暴政的時候了。本書已經揭示美國該採取哪些關鍵行動，最後只剩擊敗中共的意志了。現在美國總統與國會必須要有採取行動的意願。現在該是敲響中共喪鐘的時候了。

前白宮首席策略長兼美國總統顧問　史蒂芬・班農（Stephen K. Bannon）

濃縮摘要

本書闡釋為何美國數十年來一直低估中國的威脅，以及這項嚴重的戰略誤判帶來哪些後果與教訓。自冷戰結束後，美國犯下兩項重大基本戰略失誤，這兩項錯誤也彼此相互關聯。首先是未能察覺到中國的威脅，其次是未能採取戰略平衡來壓制中國。由於這些錯誤，美國現正冒著可能失去全球主導地位的風險。本書的核心問題是為什麼美國會變成這樣？為何美國竟然在贏得冷戰之後，卻又搞到在戰略上必須面對一個強大對手的地步？

第一點，美國未能察覺到中國的威脅，是由於蘇聯瓦解後，國家的實力對比因劇烈重新分配，一面倒向美國，使美國驟然失去同等級對手，畢竟當時中國還只是一個次等強權。美國進入一段長期沒有同等級競爭對手的狀態，作者稱之為「威脅貶值」（Threat Deflation）。①此後，因美國在全球占據主導地位，以及在九一一事件後將注意力轉移到反恐戰爭，再加上中國十分巧妙的政治作戰手段，使美國的國安界未能在高密度的戰事壓力

（伊拉克、阿富汗）之下，同時兼顧到「中國挑戰美國領導地位」的威脅性。

冷戰的結束，孳生出「歷史終結論」（End of History）這種自鳴得意的思想，以為美國的民主政治和自由市場經濟從此獲勝了，進而導致美國在意識形態與戰略上都解除武裝，這種思想深深地誤以為那些還在現代化進程中的國家，例如中國，也都正踏上民主化及自由市場經濟化的道路。於是美國在國防部、情報界、連續幾屆政府的輕忽下，不再關注同等級競爭對手的威脅。

這些年來，美軍的將官們也都未從軍校的專業教育與戰略課程中，學會瞭解強權政治、同等級對手競爭，以及共產主義意識形態。就這樣，美軍培養出好幾屆缺乏這些基本認識的將官們。這是「威脅貶值」所造成的歷史共業，而且在此過程中，美國持續低估中國的威脅。

第二點，戰略敵不過發財與貪婪的渴望。美國企業與金融界持續尋求與中國合作、投資中國來獲取經濟利益，利用中國的廉價製造業勞動力，以及研發領域的高科技工作。這

① 譯註：威脅貶值（Threat Deflation），又譯威脅減弱、威脅消退或威脅通貨緊縮，本書採用「威脅貶值」。

不僅幫助中國崛起，維持中國最惠國待遇的貿易條件，更使中國得以進入世界貿易組織（WTO）。中國開始影響到美國的兩黨與政界高層，並促進傲慢自大的全球化，使美國難以抗拒。

於是美國出現所謂的「接觸派」（Engagement School）。這派人士主張美國若與中國加強雙邊關係，中國將變得更富裕，最終將實現民主化。美國還歡迎數十萬名聰明好學的中國留學生，進入美國及其它西方國家的科學實驗室工作，包括工程、生命科學、自然科學各領域，尤其是化學、電腦科學、基因學、數學和物理等。美國根本是自願且熱情地教導、訓練，讓「中國」成為最致命的敵人。企業與金融界還資助美國主要的國家安全智庫與媒體，促使智庫與媒體傾向接觸派思想，讓美國持續低估中國的威脅。

第三點，美國的敵人是很高明的謀略家。在鄧小平與中共的領導下，中國的政治作戰策略，就是鼓吹美國國安建制派相信中國「威脅貶值」。鄧小平一方面得益於留學美國的中國留學生，一方面研究並改進蘇聯滲透美國社會的方式，並從蘇聯在冷戰所犯的錯誤中學到關鍵教訓。

中國採用綜合性策略，成功地達到「威脅貶值」。他們鎖定美國以及西方社會各個層面的菁英，利用中國高度成長的市場作為誘因，並且影響他們的行為，使這些菁英飽賺財富，並塑造他們對中國與中共的認知。

本書有五大研究意義。第一點，中國從弱國崛起，成為與美國同等級的對手，這是美國的一個巨大戰略失策，也是美國軍方與情報界的最大失敗。美國的國安圈必須瞭解何以致此，以及應該如何導正。

第二點，本書深入剖析中國如何遂行政治作戰手段，來操控美國對威脅的認知，來降低「美國對抗中國」的風險。美國必須理解中共的動機與能力，才能避免重蹈覆轍。而中共想達到的目標，就是中國的偉大復興，並成為世界獨霸。

第三點，本書對於中共威脅的誤解與錯誤觀念予以導正，尤其是關於共產主義意識形態本身固有的侵略性。美國與盟友的國安界、金融界、企業界、學術界、科學家等許多人，至今仍有這些錯誤觀念。

第四點，本書的研究旨在重建美國國安界的戰略研究，來應對同等級競爭對手的威脅，並推動美國戰略思想復興，恢復美國國家安全基本原則，並如同前輩們在一九四一年那樣，制定一個現代版的勝利計劃。

第五點，本書的研究對於強權政治的邏輯加以闡述，準確地描述中國的國家力量在各個層面的威脅，拆穿其「威脅貶值」的宣傳。讓美國能夠全面識別中國的威脅，並瞭解如何擊垮中共。此外，強權政治的邏輯有助於認識美國在印太地區及全球範圍內長期的國家安全利益和責任。

本書的研究給予我們九點提示，糾正前述各項問題。主要分為三大部分，首先是「強權政治與戰略原則」，其次是「中國影響美國菁英的戰略」，第三是「美國情報界為何失敗」。

第一點，美國的國家安全決策者必須理解到，「強權政治」的框架對國安威脅與政策應對的根本重要性。理解強權政治，有助於對美國與中國，以及其它強權間的未來關係，做出務實假設。冷戰後，國家實力對比的天平大幅倒向美國，產生戲劇性效果，美國的國安圈容易在「威脅貶值」影響下，降低評估強權威脅的能力，於是在適應中國崛起所帶來的新權力分配時，遇到極大困難。

第二點，美國必須支持戰略教育，年輕的一代才能擁有足以對抗中國的知識，強權政治原則是教育中所必備，戰略家才會有「思想武器」來分辨什麼是必須達成的目標，才能在與中共的對抗中獲得勝利。

第三點，瞭解共產主義意識形態，就能明白為什麼中國企圖攻擊並打敗美國，這一點對資深公民以及軍官、國安官員非常必要。中共的意識形態凸顯與美國發生戰爭及打敗美國的動機，縱使美國採取接觸與妥協的政策也無法改變中共，甚至中共也永遠不會民主化。同樣地，瞭解中共的意識形態，就能明白為何中共統治不具備正當性，而且還有一大堆缺點。

第四點，冷戰結束後，美國缺乏英明的總統領導國家，使得國安決策者無法制定有效的策略來對抗中共威脅。美國企業與華爾街等利益集團尋求與中國進行接觸，讓利益主導一切。此外，九一一恐怖襲擊，以及後續衍生的伊拉克戰爭等，也產生深遠的負面影響。假如美國有英明的總統，本書所指出的各項問題，早就可以解決了。

第五點，美國的情報圈始終沒把中國列為現存的威脅，這嚴重削弱國安政策制定者偵測威脅、應對威脅的能力。如何看待中共行為，在基本假設上似乎已受到接觸派思想的嚴重影響，結果導致情報圈也受到「威脅貶值」影響，一直都未能以強權政治觀點來針對中國戰略與意圖進行分析。

第六點，在軍事方面未能察覺到中國崛起，並對此有所準備的，不光只是美國歷任總統與情報界而已。軍方高層也必須對目前軍事準備不充分的狀態負責。具體來說，美國海軍高層未能察覺到海洋領域對於中國大戰略的核心重要性，也未察覺到中國海軍在現代化方面的努力，這實在是遠遠比不上二戰到冷戰期間，美國前幾代海軍上將在對抗軸心國、蘇聯時的積極表現。

第七點，美國始終把當下在阿富汗、伊拉克的局部戰爭，看得比未來與中國的主要戰爭更重要。在冷戰後時代，對抗恐怖分子和叛亂分子的戰爭需求，一直吸走美國國安決策者的注意力，直接後果就是讓中國暢通無阻地登上與美國同等級的競爭地位。這一結果尤其具有破壞性，因為美國在阿富汗和伊拉克的戰略地位也已經失敗。

第八點，有些基本假設欠缺檢驗，對美國的國家安全產生有害影響，導致幾十年來「威脅貶值」。這些欠缺檢驗的基本假設有以下三個。首先是「歷史已經結束，強權威脅已成歷史陳跡，因此從美國國家安全的角度看，與俄國、中國合作是無害的」；其次是誤認為「美國擁有足夠的時間來應對未來的問題和對美國的生存威脅」；第三個假設是「與中國一系列的互動來往將有助於中國積極轉型」。

第九點，鄧小平「威脅貶值」策略的成功，中國影響力能如此輕易滲透到美國企業、媒體、智庫以及政治人物就是最佳的證明，我們也可以把此現象理解為「菁英俘獲」（Elite Capture）。美國的菁英遭到俘獲的問題在於，太多的美國政客、官員、企業、金融業、媒體、學者、智庫與基金會，都從中國崛起中獲利。因此，中共「威脅貶值」的策略成功地促使他們營造「應與中國進行接觸及合作」的有利條件。

考量到美國的國家安全，本書認為應該採取九項必要措施。第一項，如果美國以及美國所代表的一切價值，想要有任何機會能對抗中共這個敵人，並生存下去的話，美國的國安菁英們就必須承認失敗，並且讓國家這艘大船迅速轉舵，依據強權政治原則來對抗中國。

第二項，美國人必須瞭解到，美國國安圈現有的權力分配，他們既不贊同放棄接觸派思想，反而比較傾向將國家的船舵轉到中間位置，並重新與中國接觸合作。

第三項，在外交政策圈內主導放棄接觸中國，勢必需要多年的持續推動，從拜登政府高級內閣官員突然恢復對中國的訪問，已經可以清楚地看出這一點。

第四項，既然本書的研究已經清楚點明美國面臨哪些挑戰，那美國還是有理由樂觀的，因為美國兩百四十七年來的輝煌歷史，獨立宣言與憲政，賦予美國強大的力量。

第五項，唯有現在就採取行動，美國才有可能勝過這些內憂外患。有鑑於權力的天平已漸漸朝著北京及其「偉大復興」的時間表傾斜，美國人必須徹底醒悟並立即行動，才能使我們的國家免於最終遭到摧毀。

第六項，如同在冷戰對抗蘇聯時，美國必須建立一個「B小組」（Team B，敵情研判小組）來提高警覺與應對威脅。對中國的「B小組」需要包括產業菁英、科學家、談判專家、學者以及政府官員，來針對中國威脅提供「及時修補」。

第七項，同樣也是比照冷戰時，美國國安圈應對蘇聯的軍事政策、戰略進行深入研究，並研判蘇聯投注資源在哪方面，正在發展什麼武器，該武器能夠用來進行哪些任務等。今天，美國同樣也需要熟悉解放軍的政策、戰略，並瞭解其投資研發注重在哪些方面，以及武器的開發與適用的任務。

第八項，美國需要支持核擴散至日本、南韓和台灣，針對中國的戰略進行複雜計算。由於核擴散帶來相當大的風險，尤其中國可能會有施壓的動機，包括以軍事行動來防止某國擁有核武器。但對於美國及這些國家而言，支持核擴散的好處，就是讓每個國家都擁有強大的威懾力量。

第九項，美國需要針對中國採取大膽的行動，採用的方法需要多元，包括把中國勢力趕出南中國海，擊退中國在仁愛礁（Second Thomas Shoal，菲律賓稱 Ayungin Shoal）對菲律賓的威脅。美國及盟友也要驅逐中國在海外的基地，例如吉布地、柬埔寨的雲壤（Ream）海軍基地等，以上都是重要且必要的方法，讓中國處於戰略劣勢。但美國應把攻擊重點擺在中共，使中國人民以及全球人民都知道中共統治不具正當性，並且都曉得美國、盟友與中國人民正站在一起，齊心推翻中共政權。

第一章

問題的根源

在最近這三十年中，中國原本由一個第三世界國家，一舉躍升成為一個與美國同等級的競爭對手。顯然，美國在這個過程中並未認知到戰略上的趨勢演變，因而未能採取政策阻止中國崛起。現在美國正面臨一個有如海克力士與怪獸搏鬥的危機，必須擊敗這個危險的生存競爭對手。美國從以前就做出兩個根本上的巨大戰略失誤，而且這兩個錯誤彼此互相關聯。首先，美國幾十年來一直都沒有察覺到威脅。其次，美國輕忽而未能擊退威脅。使得冷戰後的美國戰略家，白白糟蹋父祖輩在二戰及冷戰的勝利中所獲得的成果即「美國治世」（Pax Americana），這是由美國主導國際秩序下的一段穩定時期。美國的戰略家們竟然讓中國崛起，他們既辜負前輩厚望，也違背美國人民所託，導致美國又得再次面對一個強大競爭對手。

因此，美國陷入新冷戰。中美的國家安全競爭，將會是二十一世紀最大的一場衝突，而這場衝突卻圍繞一個關鍵性的問題，這個世界會在美國的保護下保有自由嗎？還是落入一個極權中國的深淵呢？這個問題將會衝擊到美國以及盟國的國家安全，也會危及到美國領導的自由秩序之存續，以及國際政治原則將如何界定。

值得一提的是，在國際政治以及美國歷史當中，如此這般危險的局面，本來可以避免發生。幾十年來，美國有能力防止與減緩中國的崛起，甚至可以推翻中共政權，但美國沒有這麼做。美國實在應該要好好解釋一下，為何會去選擇幫助，而不是預防一個足以與美國匹敵的挑戰者？這案例在歷史上很獨特，本書稱之為「威脅貶值」，導致美國長年持續低估中國威脅。「威脅貶值」不僅導致中共崛起，還直接鑄成美國巨大的戰略失誤，甚至危及到美國本土、經濟繁榮與國家安全。

通常一個國家應該能察覺到威脅，或者更常認定為嚴重威脅，造成「威脅貶值」的現象是罕見的，也少有人研究這一點。關於中國崛起及其對美國產生的後果，研究這個問題的戰略家實在是太少了。更進一步地說，「威脅貶值」是美國形成積極防範中國威脅的戰略思想體系的重大阻礙，這一點與其它重大戰略問題（例如美國的大戰略以及核威懾）有所不同。在面對中國威脅時，國安專家罕見解釋美國如何陷入此種局面，以及長年繼續支持中國崛起，或者就是根本不願承認中國已經發展到足以威脅美國國家安全與利益的世界強權。

由於美國軍隊在高度安全競爭中捍衛國家利益，「威脅貶值」還使美國的國安圈未能察覺，成為美國軍隊繼蘇聯之後所受到的最大挑戰。這個失敗應歸咎於美國國安圈。在美國輕忽而未能制衡之下，「中國崛起」堪稱是一場國際政治上的政變，簡直足以媲美俾斯麥、梅特涅、塔列朗以及其它歷史上的偉大政治家的作為。這不但是數十年來美國策略圈的失敗，也是歷任美國總統及幕僚、情報圈、軍校、國家安全智庫，以及中國專家們對中國威脅的嚴重忽視。這個結果也是一些外部因素所造成，例如九一一事件、伊拉克戰爭，導致美國長期涉足中東地區，成為美國戰略思想的重心。

目前美國已經可以預測在「關鍵十年」（二〇二〇～二〇三〇年）當中[1]，北京可能會進攻台灣、印太地區與其它涉及美國利益的地區。目前中國最新的動能軍事武器，例如超音速（supersonic）與極音速（hypersonic，指五馬赫以上的超音速）武器，已經瞄準美國的航母打擊群，而美國航母對極音速武器的防禦能力不足。戰略地圖已經大幅改變，儘管美國的軍事能力無可匹敵，而且其壓倒性的戰力足以威懾敵人。但美國目前處在一個愈來愈不利的環境中。今後美國將一直處於新冷戰的環境中，直到擊敗中國，或者被中國擊敗為止。

美國所犯下的最大戰略失誤

本書的研究，要解釋為何美國數十年來低估中國的威脅，以及這樣的巨大戰略誤判帶來什麼樣的教訓與啟示。本書點出關於美國失敗的三大主要論述，並提供九項提示，來糾正美國犯下的最大戰略失誤。最後，關於美國該如何做才能擊敗中共，本書提出九項建議。

首先，美國的國安圈顯然已經失敗。美國未能察覺到中國的威脅，是由於蘇聯瓦解後，權力在劇烈的重新分配之下，一面倒向美國，使得美國驟然失去一個同等級的對手，畢竟當時中國還只是一個次等強權。美國的國家安全進入一段結構性的「威脅貶值」時期，在這段時期美國居於全球的主導性地位，以及發動次要而高密集度的小型戰爭，使得美國國安圈未能同時兼顧到中國的競爭威脅。

冷戰的結束，孳生出「歷史終結論」這種自鳴得意的思想，以為美國的民主政治以及自由市場經濟取得勝利，從而導致美國在意識形態以及戰略上都鬆懈下來。這種思想深深地誤以為還在現代化進程中的國家，例如中國，也都正在踏上民主化以及自由市場經濟化的道路上。這種菁英式的共識，認為世界的未來就是走向全球化，而超級強權競爭的國際政治已經是過眼雲煙，並且認為超級強權的行為有危險與不健康的一面，現在應該也可以消除。

於是，美國負責國家安全的主要部門，包括國防部、情報局、國家安全局、聯邦調查局，再加上連續幾任政府的無能領導，從此不再關注同等級競爭對手的威脅。這些年來，美軍的將官們也都沒有從軍校的專業教育與戰略課程中，學習瞭解關於強權政治、與同等級對手競爭的系統性知識，以及關於共產主義意識形態的明顯事實，尤其是其內在的反美傾向，並透過政治作戰來影響西方世界對於中國的觀感。就這麼培養出好幾屆的將官們，極度缺乏這些基本認識。這就是「威脅貶值」的情況下所造成的歷史共業，並且在此過程中，美國就這樣持續低估中國的威脅。

第二點，戰略敵不過發財與貪婪。美國的企業與金融界持續尋求與中國合作、投資中國來獲取經濟利益，利用中國的廉價製造業勞動力，甚至也包括研發領域的高科技工作。不僅幫助中國崛起，還維持中國最惠國待遇的貿易條件，後來也使中國得以進入WTO。

於是美國出現所謂的「接觸派」，後面本書會同時稱他們為親中派（Pro-CCP

School），這一派人士主張與中國加強互動，中國就將變得更富裕，然後最終就會實現民主化。美國張手歡迎數十萬名既聰明又認真好學的中國留學生，到美國與其它西方國家的科學實驗室工作，包括工程、生命科學、自然科學各領域，尤其是化學、電腦科學、基因學、數學和物理等。簡單來說，美國根本是自願並熱情地教導、訓練，讓「中國」成為最致命的敵人。企業與金融界不僅資助美國主要的國家安全智庫與媒體，還促使這些智庫、媒體以及大學強烈偏向親中派思想，從而使美國持續低估中國的威脅。

第三點，美國的敵人是很高明的策略家。在鄧小平與中共的領導下，中國的政治作戰策略，就是鼓吹美國國安的建制派相信中國「威脅貶值」。鄧小平一方面得益於留學美國的留學生，一方面研究並改進蘇聯滲透美國社會的力量，同時也從蘇聯在冷戰所犯的錯誤中，學到關鍵的教訓。中國採用綜合性的策略，成功地達到「威脅貶值」。他們鎖定美國以及西方社會各個層面的菁英，利用中國高度成長的市場作為誘因來影響他們的行為，使這些精英飽賺財富，並且形塑他們對中國與中共的認知。

簡單來說，鄧小平是運用亞當斯密的那隻「看不見的手」，操縱美國的企業界與華爾街與中國合作。利用他們的自私自利與貪婪讓中國晉身世界強權，甚至在中共面臨推翻危機時順利鞏固共產黨的專政統治。鄧小平拉攏美國的商業部、企業界、投資人、華爾街，甚至是美國政府都成為中國的合作夥伴，而且讓他們個個都賺得盆滿缽滿。整整一個世代，中國掩蓋真正意圖，將其擴張描繪成經濟性而非戰略性，並宣稱純粹是為了造福世界。這是一個十分巧妙的政治作戰手段。

很遺憾地，對美國國家安全而言，幾乎冷戰後的大部分時期，美國的政策制定者，部分在政府部門的領導下，支持中國崛起。他們相信，中國愈繁榮，就會變得愈民主，幫助中國進入自由的國際秩序，可以使中國更加穩定、富裕。最終，中國將會對美國的國家安全以及自由的國際秩序有所助益。

直到最近這幾年，在國會以及執行部門當中，才找到新的共識，支持加強抗中路線。[2]這個共識圍繞著一個核心政策目標，那就是對抗中國，遏阻其侵略行為。但必須說的是，這一共識未來是否能夠持續下去，或者又會遭到推翻，仍是很大的未知數。而且遺憾的是，應該如何行動目前仍未有共識，應該採取何種方法，意見仍然分歧，尤其是圍繞在是否應該推翻中共這一問題上。當然，本書觀點認為，打倒中共將是積極的一步棋，這將大幅改善中美關係，並促進美國在印太地區以及全球範圍的國家安全利益。

接下來是以下各章的論述。第二章將會介紹「威脅貶值」這個概念的整體概況、強權政治的邏輯，及其在冷戰當中的應用。在冷戰當中，強權政治的邏輯道破當時美國為何與中國合作。一旦蘇聯已經被消滅而不再是競爭對手，權力分布結構在美國戰略專家心中的著力點就已經削弱。在冷戰之後，這個立足點就被「歷史終結論」的認知所取代，換言之，也就是認為美國的政治自由主義以及資本主義已經在冷戰中取得勝利，所以世界各國遲早也會全部採用這一套制度。結果，在鄧小平實行的政治作戰策略之下，美國的政府部門以及親中派使美國的商業利益與中國掛鉤。

很不幸，九一一事件及其餘波，尤其是伊拉克戰爭，給足中國更多時間，在美國無法有效回應的情況下得以擴張。現在中國的力量已經強大，可是並非與美國一樣強，但可以想見，美國的回應將付出相當可觀的成本。在二〇一二年歐巴馬擔任美國總統期間，中國就曾與菲律賓在黃岩礁（Scarborough Shoal）爆發衝突，就是一個明證。

第三章會依據論述，對美國國安圈以及美國人民提出九項提示，來應對當前的美中冷戰。這九項提示可分為三大類。第一類關於強權政治的戰略原則。第二類則分析美國的軍事與情報機構過去的作為是如何導致失敗。第三類則是關於中國如何成功地造成「威脅貶值」。

第一項，美國的資深公民以及軍事、國安方面的政策制定者必須瞭解到強權政治的重要基本觀念，思考美國國家安全面臨哪些威脅，以及美國該制定哪些政策克服威脅。唯有瞭解強權政治，才能在未來的美中關係以及美國與其它強權間的外交關係，做出務實的判斷。過去由於權力分布的改變，各國大幅倒向華盛頓，產生以下的劇烈效應，美國的國安圈因為受到「威脅貶值」影響而變得沒有抵抗力，弱化評估其它強權威脅的能力，未能清楚察覺到國家力量的變化趨勢，也就無法調整美國的政策來預防或減緩中國崛起。

第二項，美國的國安圈必須支持戰略教育，使得年輕的世代才能擁有對抗中國所需要的知識。強權政治原則的教育是必要的，使得戰略家才能擁有智識上的武器，來辨識出若要戰勝中國，哪些事情是必須達成的。

第三項，瞭解共產主義意識形態，就能明白為什麼中國企圖攻擊並打敗美國，這一點對資深公民以及軍官、國安官員是必要的。

中共的意識形態凸顯中國有動機與美國作戰，直到打敗美國為止，即便與中國進行接觸與妥協也不會造成改變，中國根本不可能民主化，因為中共意識形態的核心基本原則是一道詛咒。同樣地，瞭解中共的意識形態，就能明白為何中共統治不具備正當性，而且還有一大堆缺點。

第四項，冷戰結束後，美國缺乏英明的總統來領導，並且能夠在後冷戰時期活用強權政治的原則與戰略，反而使得國安方面的決策者無法制定有效的策略來對抗中共的威脅。美國企業界與華爾街等集團更進一步尋求與中國接觸，在他們眼中只有中國利益，而九一一事件及其餘波同樣也產生負面影響。假如蘇聯解體後的幾任總統能夠有卓越的領導能力，本書所指出各項問題，早就可以妥善處理。

令人遺憾的是，還有第二大類問題的存在，美國情報機構以及軍方不僅長年地忽視中國的威脅，而且還過度頻繁地與中國合作，也協助中國。給予中國的協助包括許多形式，例如當中國解放軍的軍官登上美國軍艦、航母、核潛艇訪問時，美國軍官會很配合地回答他們的問題。在這一大類問題當中，還犯下更多的致命錯誤，例如在未經檢驗的基本假設之下做出研判，以及把戰略重心完全擺在伊拉克、阿富汗等小型戰爭上，結果卻忽視建構中國大戰略的重要性。

第五項，美國的情報界始終沒把中國列為現存的威脅，這嚴重削弱國安政策制定者偵測威脅、應對威脅的能力。如何看待中共與中國的行為，在基本的基本假設上似乎已受到接觸派思想的嚴重影響。結果導致情報機構「威脅貶值」，一直都沒能以強權政治的觀點對中國的戰略與意圖進行分析。

第六項，在軍方方面未能察覺到中國崛起，並對此有所準備的，不光只是美國歷任總統與情報界而已。意見不一致的軍方高層也必須對目前軍事準備不充分承擔責任。特別是美國海軍高層未能察覺到海洋領域是中國大戰略的核心，也未察覺到中國海軍在現代化方面的努力，這實在是遠遠比不上二戰到冷戰期間，美國前幾代海軍將領在對抗軸心國、蘇聯時的積極表現。

第七項，美國始終把阿富汗、伊拉克等次要戰爭，看得比未來與中國的主要戰爭更重要。早從一九九一年在伊拉克的沙漠風暴行動起，一路到二〇二一年在阿富汗喀布爾可恥的撤退，對抗恐怖分子和叛亂分子的戰爭需求，一直吸走美國國安決策者的注意力，導致美國未能有效遏阻中國崛起，讓中國暢通無阻達到與美國同等級的競爭地位，並對美國構成巨大威脅。這個結果對美國而言，具有加倍的破壞性，剛好美國也已經失去在阿富汗與伊拉克的地位。

第八項，有些基本假設欠缺檢驗，對美國的國家安全產生極惡劣的影響，導致美國幾十年來「威脅貶值」。這些欠缺檢驗的基本假設有以下三個。首先是「歷史已經結束，強權威脅已成歷史陳跡，因此從美國國家安全的角度看，與俄國、中國合作是無害的」；其次是誤認為「美國擁有足夠的時間來應對未來的問題和對美國的生存威脅」；第三個基本假設是「與中國一系列的互動來往將有助於中國積極轉型」。

最後，還有第三大類的問題是敵人所製造的。英文有句老話說：「敵人的手中也有一票可以投。」（The enemy gets a vote）這句話沒錯，不過，中國這個敵人看來似乎可不僅僅是只有一票可以投，甚至還有能力可以選擇候選人、可以操控選舉。對於如何操縱美國企業界與華爾街來為他辦事，中國可是這方面的專家。這就關乎到接下來要說的第九項了，這一項既是美國的軟肋，也是鄧小平「威脅貶值」策略成功的證明，中國影響力能如此輕易滲透到美國，從企業、金融、媒體、智庫、大學到美國聯邦與各級地方政府的政治人物。這個「菁英俘獲」的問題在於，有太多的美國政客、官員、企業、金融業、媒體、學者、智庫與基金會，都從中國崛起中獲利。因此，中國「威脅貶值」的策略成功地促使他們營造出有利於與中國進行接觸和合作政策的條件。鄧小平奉行自由市場經濟的原則，正如我們所強調，這似乎不像是因為鄧小平研讀了蘇格蘭偉大經濟學家亞當斯密的經濟學，但他深諳所謂「看不見的手」，也就是人類基於追求利益的自利傾向會決定其行為。簡單地說，鄧小平是一個戰略天才。他成功使得美國企業、華爾街、資本市場、媒體、智庫，甚至美國政府都變成了中國的夥伴。這手段實在非常地高明，也造成了美國人民與美國國家安全的重大不幸。

在第四章我們將列出目前美國應採用的九個措施來擊敗中共。首先，如果美國及其所代表的一切價值，想要有任何機會能對抗中共這個敵人，並且生存下去的話，美國的國安菁英們現在該做的就是承認失敗，並且必須迅速地操控國家的船舵，朝針對中國的強權政治原則方向駛進。

第二項，美國人必須瞭解到，美國國安圈現有的權力分配，是不贊同放棄接觸派思想的，他們比較傾向將國家的船舵轉到中間位置，並重新航向與中國接觸的路線。

第三項，在外交政策圈內進行轉向，需要持續不斷地施力，從拜登政府高級內閣官員突然恢復對中國的訪問，已經可以清楚地看出這一點。

第四項，既然本書的研究已經清楚點出了美國面臨哪些挑戰，那美國還是有理由樂觀的，因為美國兩百四十七年來的歷史，美國的獨立宣言與憲政賦予其強大的力量。

第五項，美國必須馬上採取行動，才有可能勝過這些內憂外患。有鑑於權力天平已漸漸朝著北京及其「偉大復興」的時間表傾斜，美國人必須徹底醒悟並立即行動，才能使我們的國家免於最終遭到摧毀。

第六項，如同在冷戰對抗蘇聯時，美國必須建立一個「B小組」來提高警覺與應對威脅。對中國的「B小組」，也需要包括產業界人才、科學家、談判專家、學者以及前政府官員，來針對中國威脅提供「及時修補」。

第七項，同樣也是比照冷戰時，美國國安圈對蘇聯的軍事政策、戰略曾經進行過深入研究，來研判蘇聯投注資源在哪方面，正在發展什麼武器，該武器能夠用來進行哪些任務等。今天，美國同樣也需要熟悉解放軍的政策、戰略，並瞭解其投資研發注重在哪些方面，以及武器的開發及其適用的任務。關於這方面的資訊，也應該被帶到公眾視野當中，讓大家討論如何應對中國野心勃勃的侵略能力。

第八項，美國需要支持核擴散至日本、南韓和台灣，針對中國的戰略進行複雜計算。由於核擴散會帶來相當大的風險，尤其是中國可能會有施壓的動機，包括以軍事行動來防止某國擁有核武器。但對於美國及這些國家而言，支持核擴散的好處，就是讓每個國家都擁有強大的威懾力量。

第九項，美國需要直接針對中共採取大膽的行動，採用的方法需要多元，包括把中國勢力趕出南中國海，擊退中國在仁愛礁對菲律賓的威脅。美國及盟友也要驅逐中國在海外的基地，例如吉布地、柬埔寨的雲壤海軍基地等，為了使中國處於戰略劣勢，以上是重要而且必要的方法。但美國應把攻擊重點擺在中共，使中國人民以及全球人民都知道中共統治不具正當性，並且都曉得美國、盟友與中國人民正站在一起，齊心推翻中共政權。

美國捍衛國安利益的重要意義

本書有五大研究意義。第一點，中國從弱國崛起，成為與美國同等級的對手，這是美國的一個巨大戰略失策，也是美國軍方與情報界的最大失敗。美國的國安圈必須瞭解何以致此，以及應該如何導正。

第二點，本書深入剖析中國如何遂行政治作戰手段，來操控美國對威脅的認知，來降低「美國對抗中國」的風險。美國必須理解中共的動機與能力，才能避免重蹈覆轍。中國採取「威脅貶值」的政治作戰策略，使中國的成長最大化，並使美國國安帶來風險。正確地察覺到威脅，是美國迎接敵人挑戰的該做的第一步。

第三點，本書對於中共威脅的誤解與錯誤觀念予以導正，尤其是關於共產主義意識形態本身固有的侵略性。美國與盟友的國安界、金融界、企業界、學術界、科學家等許多人，至今仍有這些錯誤觀念。這些認知上的缺陷必須要好好檢討研究，才能掌握到美國過去是如何低估威脅，採取災難性的政策。

第四點，唯有先瞭解失敗的原因，才能有機會重建美國國安界的戰略研究，來應對同等級競爭對手的威脅，並推動美國戰略思想復興。自蘇聯解體後，美國的戰略思維越來越不考慮把強權當成對手，但現在與美國同等級的對手再次出現了，這一變化迫使戰略家和專業軍事教育必須有所因應。美國的對手有哪些目標？使用什麼手段？其重心以及弱點為何？美國如何戰勝中國？美國的戰略家和國安專家，必須重新把焦點放在這些基本的戰略問題上。

第五點，本書的研究闡述了強權政治的邏輯，準確地描述中國的國家力量在各個層面的威脅，拆穿其「威脅貶值」的宣傳。讓美國能夠全面識別中國的威脅，並瞭解如何擊退中國。此外，強權政治的邏輯，有助於認識美國在印太地區及全球範圍內長期的國家安全利益和責任。

美國在印太地區的永久利益就是，不該有任何國家（例如中國）或者任何聯盟（例如中俄聯盟）能擁有足夠的力量來爭奪美國的國安利益。換言之，美國最重要的利益，就是保持在國際政治上的支配地位。[3]在此基礎之上，必須在面臨中國的威脅之下保護美國利益，首先是美國的國家安全，其次是盟友的國家安全，第三是在意識形態上對抗敵人，來確保二十一世紀的未來是由民主與自由的政府所主導，自由市場仍舊是國際政治的核心價值。第四是遏阻中國的侵略，並防止中國企圖拉攏日本、印度、俄國以及其它國家成為其盟國。理解以上美國永久全面戰略的核心利益，美國國安的政策制定者才能增加更多的政策選項，來因應印太地區安全情勢的變化，使美國能夠以實力保護在印太地區的利益。同樣地，也能使美國人民瞭解到他們在此區域的利益，並且能使美國的盟友以及對手明白美國在印太地區以及全球範圍內的國安利益。

面對中國威脅的因應對策

本書有兩項基本的假設。首先，本書發現中國與美國的戰略競爭性正在加劇，基於中美相對權力分布的變化，以及中國共產主義意識形態與戰略野心的影響，而且此趨勢將會持續下去。

目前種種跡象顯示，中美在各領域的國家安全戰略競爭都進一步加劇，無論是在外交、經濟、貿易、情報蒐集以及軍事力量投射等方面。尤其中國在外交、軍事和經濟實力上的成長，使北京自十九世紀以來首度具備了影響國際政治的強大能力。儘管中國的經濟成長已趨緩，但中國現在已擁有足夠的能力持續與美國進行競爭，中美競爭態勢仍將繼續。

其次，本書認為正確的政策以及戰略，可以扭轉「威脅貶值」所造成的後果，使美國能擊敗中國的政治作戰手段，並消除中國實質上的代理人對美國及盟國的影響力。這需要美國能夠像冷戰時期那樣，讓國家的戰略利益超越企業界、金融界的利益以及矽谷的利益，並且讓學術界、媒體、基金會，以及聯邦、各州、各級地方政府選出的代表，能夠把國家安全置於企業與投資機構之上。如此才能趁現在還來得及擊敗中國的時候，準確地識別並消除來自中國的威脅。

本書的研究方法採取質性研究，聚焦在論述重點，具體來說，是根據歷史記錄及與學者、前軍事將官以及政府官員的訪談，來分析美國「威脅貶值」形成之原因，本書的訪談涉及冷戰餘波後美國的行動，以及鄧小平在一九九〇年代初採行「韜光養晦」的政治作戰策略。第二章則會介紹本書的概念邏輯以及歷史基礎。第三章則在第二章的基礎之上，進一步提供有組織到分析，聚焦在對美國國安圈以及美國人民的主要影響。第四章深入探討美國應採取哪些措施，才能準確識別並擊退中國威脅。綜上所述，本書的分析與論述，旨在為美國的方針原則，提供一個可作為基礎的指南。

第二章

威脅貶值形成的原因及其後果

實力對比的改變、歷史終結論及鄧小平的政治作戰策略

「強者為所欲為，弱者唯有忍受。」

——修昔底德（Thucydides）1

修昔底德在《伯羅奔尼撒戰爭史》中的〈米利安對話篇〉所寫的這句名言，在大部分的情況下是真的。強的一方，想幹什麼就能幹什麼，而弱的一方必須忍受，除非……弱的一方有一位睿智的謀略家，例如中國的領導人鄧小平。鄧小平很清楚中國勢力是微小脆弱，但他沒有選擇默默忍受，而是找到了可以操縱強者的方法，使用一種高明的政治作戰策略即「威脅貶值」，讓美國的菁英變成了中國強而有力的夥伴來幫助中國成長。鄧小平說：「致富是光榮的。」美國人聽起來會覺得鄧小平意思是要讓中國擁抱資本主義，不過這裡面還隱藏著更深的奧義。沒錯，中國是要致富，不過西方的菁英們也要一起致富，這是一條光榮的道路，先是保住中國的生存，然後呢？就是換成由中國來支配一切了。鄧小平從未被奉為歷史上知名的謀略家，簡直真是太委屈他了。鄧小平察覺到如何利用敵人的貪婪，反過來對抗敵人。他使敵人變成夥伴，來造就中國以及中共的成功，敵人就這麼上夠了。

鄧小平及其繼任者應該要感謝美國高抬貴手，讓他們曉得美國是多麼地如此愚蠢天真，可以對強權政治的策略如此無知，以致中國人民及美國人民承受的痛苦如此麻木不仁，而且美國人民可以如此輕易地被廉價收買，甚至連他們的生存權都可以拿來交易！社會的穩定、國家的安全、美國父祖輩們辛苦締造而遺留下來的資產，統統可以被頂層的少數人當作交易的籌碼。

本章將闡述本書論述的基礎，共包含六項主要議題。首先，我們將會介紹「威脅貶值」的概念。第二，將解釋強權政治及其與國際政治穩定之間的關聯性。實力的對比形勢如何，換言之也就是世界上有多少個強權，將會決定強權戰爭的頻繁程度，同時也決定強權該怎麼做。從根本上來說，強權應該將自己的實力最大化，並且將自身安全最大化；也就是說，必須對實力的相對強弱保持敏感，並且盡量避免做能使競爭對手的成長的事，例如貿易以及經濟合作。第三，強權政治的邏輯可以應用到美國的國家安全政策，在這場冷戰中對抗中國。第四將解釋何謂「歷史終結論」，及其對美國國家安全策略的負面衝擊。第五，本章將分析後冷戰時期對中國的政策、美中兩國之間新產生的經濟關係，以及九一一事件的影響、伊拉克戰爭的代價。第六，將解釋鄧小平的政治作戰策略如何使美國的企業界、金融界成為支持中國高速經濟成長與軍事成長的一大幫手。本章的內容將是次一章的基礎。

威脅貶值

所謂「威脅貶值」，對一個國家而言是一種較為罕見的狀態，因為通常一個國家會比較傾向對外在威脅進行準確評估，或者認定為嚴重威脅。基本上，威脅貶值是使一個國家對另一個國家的威脅性持續低估。它是一種故意的策略，通常由較弱的強權國家用來避免被針對或被攻擊，這個策略可以降低對方察覺到威脅，為自己爭取更多時間。

一旦「威脅貶值」的策略實施成功，經過一段時間之後，威脅仍然會變大到使得被騙的一方不可能再繼續漠視威脅，但是弱勢的一方已經爭取到更多時間。「威脅貶值」的實施原則上就是靠欺騙。當受騙國因情報機構的誤判，或者基於政治理想主義、個人無知及高層決策者對敵人成長的低估，又或是負責國安的人員因敵人的崛起而獲得金錢利益時，

「威脅貶值」的策略就會成功。

在各種情況下，「威脅貶值」的策略只需要一方參與，就有成功的機會。如果受騙國的菁英也同樣參與，那麼它將極為成功，並且可能會持續下去，直到這種局面被威脅的一方本身終結，因為威脅的一方試圖爭取它認為在全球政治中應有的地位，或者被受騙國終結，當威脅的成長到越來越不容忽視的地步時。回顧歷史，「威脅貶值」能夠在國際政治上成功實施是不尋常的現象，但也並非沒有前例可循。例如德國曾有兩個世紀的時間在歐洲的強權爭霸中占有重要地位，德國因為比較常採用這一招也就不令人感到意外。第一次成功實施「威脅貶值」的策略是在普魯士（後來成為德意志帝國）首相俾斯麥於一八六四年攻打丹麥、一八六六年攻打奧地利、一八七〇至一八七一年攻打法國等戰爭期間，由於俾斯麥擔心其它強權反應過度，便試圖傳達訊息像是「普魯士的目標僅限於當前的戰爭」給其它歐洲強權[2]。尤其在一八七一年普法戰爭後，這一點最為明顯，他曾寫到「我們成為真正的強權後，引來各方強烈反彈。」[3]而英國保守黨領袖班傑明．迪斯雷利（Benjamin Disraeli）也曾寫道，普法戰爭改寫了歐洲的實力對比：「現在是一個新世界，新的影響力發揮作用，我們面臨未知的新危險……勢力均衡已被徹底摧毀。」[4]俾斯麥對於「威脅貶值」的策略食髓知味，後來在一八八二年與奧匈帝國和義大利締結三國同盟條約，以及在一八八七年與俄羅斯簽訂保障條約時，仍舊對這些強權三緘其口。

德國第二次採用「威脅貶值」的策略則是在一九二二年與蘇聯簽署軍事密約《拉帕洛條約》時。根據此密約，德國借用蘇聯領土進行軍事演習，這對於德國發展機械裝甲部隊至關重要，後來德國裝甲部隊就以閃電戰在一九四〇年擊敗了法國，但是在一九四一年十二月卻兵敗於莫斯科近郊。

第三次則是發生在一九三五年納粹德國撕毀《凡爾賽條約》時，德國不僅重新武裝及徵兵動員，而且也實施「威脅貶值」的策略。併吞蘇台德區後，在一九三九年三月十五日接著入侵捷克斯洛伐克的其餘領土如波希米亞、摩拉維亞，結果斯洛伐克淪為德國的保護國，由蒂索（Jozef Tiso）領導。一週後，在一九三九年三月二十三日，德國入侵梅梅爾（Memel，今立陶宛克萊佩達）。由於德國入侵捷克斯洛伐克所造成的威脅昭然若揭，德國的擴張不僅跨越《凡爾賽條約》劃定的領土，而且這些誇張行徑，讓英國和法國出面警告德國不得侵略波蘭。可惜嚇阻無效，在一九三九年九月一日德國入侵波蘭，英法於兩天後向德國宣戰。

中國也同樣經歷過「威脅貶值」的時期，在第一次鴉片戰爭（一八三九～一八四二年）之前，清朝嚴重輕視並低估大英帝國的實力，這場戰爭使清朝一蹶不振。正如中共不斷提醒中國人民，這段時期從第一次鴉片戰爭開始到一九四九年為止，同時也開啟中國「百年屈辱」的歷史。

納粹德國實施「威脅貶值」的策略，讓希特勒一口氣全押所有籌碼，展露其極端侵略野心後終告失敗。相較之下，中國卻成功造成「威脅貶值」堪稱典範。中國能之所以夠崛起成為一個強大的軍事、經濟和外交強權，在於持續對周邊國家施壓，並建立多邊國際組織，而且在此過程中，並未形成針對它所締結的制衡聯盟。

然而，德國、清朝或中國的「威脅貶值」案例，也說明有效的案例是多麼罕見。歷史上有很多「威脅貶值」的嘗試，然而未能成功，包括布爾什維克（Bolshevik，蘇聯共產黨的多數派）在史達林建立「一國社會主義」（Socialism in one country）的過程中，曾試圖最小化他們的威脅，以及蘇聯在尼克森、福特與卡特政府的「低盪政策」（Détente，又稱緩和政策）時期，也進行過同樣的努力。蘇聯的努力與西方國家的左派政黨產生共鳴，並對這些政府的決策者留下深遠影響，但也始終遭到來自美國參謀長聯席會議、參眾兩會議員、美國人民及盟友強烈而持久的反對。

本質上，「威脅貶值」是將敵人對威脅的認知加以消除或者最小化，在強權政治的邏輯上是一種顛覆性策略。這招真正有用的機會並不大，但不幸的是，中國成功了。

強權政治

國際政治當中所具有的強權政治以及實力對比（distribution of power）等特性，在西方歷史可以追溯到古希臘，在中國歷史則可以追溯到春秋戰國時代。強權政治的邏輯是，強權是由國際體系中國家力量的相互關係與權力分布所決定，各個強權擁有多少實力？其對手又擁有多少實力？因此，相對的實力強弱是關鍵。換言之，一個強權擁有多少實力，是由其對手的相對實力所決定，而並非絕對實力。每個強權之所以受到其它強權的壓制，正因各強權本身的實力足以對彼此構成威脅。

強權為了自身的安全，會展示軍事力量並保護其權益。而單憑一國自身的力量，往往不足以應對其受到的威脅，如此一來，國家就必須尋求與他國結盟，來對抗共同的敵人，分享共同的利益。因此，要制衡敵方威脅，一個國家可以採取內部性的手段，即透過發展國家的軍事力量來應對任何可能的威脅，或者採取外部性的手段，依賴盟友協助應對國際政治中的危險與風險，這在外交上是更為常見的情況，因為一國自身的內部力量往往不足以應對國家面臨的所有威脅。[5]在各國紛紛武裝並且互相締結聯盟之下，強權之間的軍事力量可能會形成旗鼓相當的局面。基本上，每個強權都會將其它強權視為威脅，但它們之間互相制衡，其平衡性應該要能夠維持穩定，並且能避免爆發重大戰爭。

在十八、十九世紀傳統歐洲強權的相互制衡當中，各大強權，包括奧匈帝國、法國、大英帝國、普魯士以及俄國，之所以能夠在這麼長的時期內相互制衡它們的威脅，是因為每一國都與他國結盟。理想上，每一國都會希望自己與三大強權當中的兩個結盟，即使只與三強當中的一個結盟，若能夠動員到足夠的力量，還是勉強可以制衡其它強權。其結果造成歐洲的穩定期，沒有強權間的戰爭。穩定並不意味著和平，因為小型戰爭還是會發生，但是強權不會彼此開戰。當然，制衡偶爾還是會失敗，並引發歐洲歷史上強權間的衝突，例如法國大革命與拿破崙戰爭，以及第一次世界大戰。這種權力平衡有時也可能會傾向某一方，例如七年戰爭期間，普魯士的腓特烈大帝對抗其它歐洲列強，當時只有大英帝國是它的盟友，儘管其它強權聯合對抗普魯士，普魯士最終還是在這場戰爭中獲勝了。

正如歐洲歷史所揭示，盟友是必要的，儘管有時候同盟並非完全可靠。一般來說，一個強權擁有的實力越強，與其結盟就更重要。因此，各國在選擇結盟對象時，為了其自身的需求，會傾向更願意支持霸主（hegemon），也就是一個時代的主導強權。美國的盟友之所以特別多，正是體現出這一點。事實上，超過八十個國家與美國有同盟關係，這不僅充分解釋結盟的必要性，也顯示這些國家希望利用美國的軍事力量來實現它們的目標。擁有盟友，就形同是在國際政治中得到信任票一般。

相反地，失去盟友就猶如被投下不信任票，而且可能導致實力對比的劇烈變化。盟國可能會因為霸主的地位越來越不確定而撤回對其的支持，並且不太願意在有新崛起的強權可能競爭成為新霸主時，站在錯誤的一邊。事實上，這一點也顯現在現今的中美競爭裡。對於一個區域性盟國而言，無論是分散其押注做避險動作（不將籌碼全押在同一邊），或者開始提升自身的軍事能力，又或者與崛起中的強權開始建立公開關係或私底下的默契，都是很合理的。

根據國際政治理論家肯尼思・沃爾茲（Kenneth Waltz）與其學生史蒂芬・沃爾茨

（Stephen Walt）的觀點，強權政治的邏輯是，一個強權應該對其它強權的綜合能力進行制衡，或更準確地說，要對其它國家所帶來的威脅進行制衡。[6]傳統上，強權政治強調的是對其它國家實力的制衡，而非對威脅性制衡。所謂的實力，主要包括經濟規模、軍事力量，也包括地理、自然資源等一系列因素，都影響實力的計算。懂得強權政治邏輯的人，會同意毛澤東的名言：「槍桿子出政權。」

儘管強權政治下的動態性平衡，並不必然會導致戰爭，但強權政治的邏輯是強權始終將使用武力視為可以選擇的手段之一，當強權在認為外交無效時，或有機會以犧牲他人為代價而獲得利益時，便有可能訴諸武力。強權政治的政治邏輯，只能說明動用武力是可能的，而並非必然的，無論是由哪個強權首先引發衝突。因此，在強權政治的格局之下，並不見得一定是哪個強權會首先動用武力。就國際關係理論而言，決定一個權力平衡的格局是能夠繼續維持和平，或者會導致戰爭，其關鍵因素在於國際體系中強權的數量，若有兩個相等的強權，稱為雙極體系，若有三個或更多大致相當的強權，則稱為多極體系。

傳統的強權政治理論家，諸如喬治・肯楠（George Kennan）、漢斯・摩根索（Hans Morgenthau）、尼古拉斯・史派克曼（Nicolas Spykman），曾研究法國大革命前至拿破崙垮台後，再到第一次世界大戰這段期間，傳統歐洲政治外交的歷史，具體提出他們的洞見。他們主張多極體系是更穩定的，更不容易引起強權間的戰爭，因為強權會彼此互相尊重各自的影響勢力範圍，而在外交上傾向更為保守，以免有哪國遭到盟友拋棄，而變成一個魯莽蠻幹的國家。

這意味著，假設世界又回到多極體系，並且假設美國、中國和印度在總體上擁有相等的實力，那麼強權間的衝突將沒有發生的必要，而中美競爭可能會因印度實力的影響而緩和，並且應該會使權力平衡偏向對美國的一方。事實上，如果印度與美國聯手對抗中國，這將對美國大有裨益，因為兩國的聯合力量可以壓制中國的野心。[7]這是一種典型的二對一局面，可能足以威懾中國的侵略行為。

而相對地，由冷戰的經驗出發，沃爾茲則主張雙極體系（存在兩個超級強權）才是更穩定的[8]。根據沃爾茲的論述，冷戰之所以一直維持只是「冷」戰，是因為在雙極體系之下，雙方都只有一個對手。只有一個敵人時，會有助於穩定性，有三個原因。首先第一點，唯一能夠真正挑戰美國的國家，而且唯一有能力摧毀美國的國家是蘇聯，反之亦然。

第二點，由於這兩個超級強權的本身實力已經超強（它們不光只是強權，而且是超級強權），它們並不需要盟友來保證自身的安全。因此，並不是美國的安全依賴著盟友，事實上是盟友比美國更需要結盟。例如，法國曾在一九六六年退出北約，但這件事並沒有使北約瓦解，或者威脅到美國的安全。蘇聯在中蘇分裂後失去它的重要盟友中國，這也沒有危及蘇聯的安全。不必依賴盟友，使得美國和蘇聯免於一些聯盟所帶來的問題，舉例來說，它們無需像德國在一九一四年夏天那樣，不得不做出全面支持奧匈帝國的決策，否則恐怕將導致自己也滅亡。

第三點，雙極體系更穩定的原因是兩個超級強權都非常瞭解對方。莫斯科和華盛頓都對雙方進行深入的研究。例如像美國國安圈發展出的「克里姆林宮研究」（Kremlinology）。同樣地，蘇聯情報機構國家安全委員會（KGB）也將美國定義為「主要對手」。兩國的情報機構的核心焦點都是對方。雖然雙方都有情報失誤，但這種相互瞭解的基本結果是，因誤會而發生衝突的風險被降低了，危機升級的風險也減少了。當然，這些風險也永遠不可能完全消除。對強權政治的理論家而言，中國崛起，僅是諸多對美國霸權的挑戰當中，其中一項而已。其它還有俄國、重新復甦的日本，以及印度可能崛起而成為對手。如果這真正發生的話，強權政治的理論家需要擔心戰爭爆發的可能性更高，如同沃爾茲前面所述。

然而，冷戰後歐洲減少多極性風險的關鍵政治影響因素，在東亞地區卻是缺乏的，如對過去戰爭經驗的共識、長期的國際外交經驗以及穩定的國內政治秩序。此外，東亞地區的國際組織與歐洲相比，相對較少，也沒有北約那樣強大的組織，且領土爭端較多。如今，國際政治比冷戰時期更為複雜。

中美之間，無疑存在冷戰時期的雙極對立，而中印之間也存在雙極緊張局勢。但隨著中國、印度和美國擁有比其它強權更多的實力，世界正日益呈現多極化格局。對於受到沃爾茲觀點深刻影響的強權政治理論家而言，雙極體系應該成為中美之間以及中印之間穩定的力量，而多極體系則是衝突的根源。因此，風險遠比強權政治理論的倡導者所考慮的更大。而由於中共領導者堅決要與美國對抗，使誤判的風險顯著增大。總之，從強權政治的視角來看當前的實力對比格局，無論國際政治的未來是朝向兩極化還是多極化，可以預期的是，中美關係會面臨巨大的危險。

一如既往，強權政治對於一段時期的國際政治歷史，是很有用的解釋工具。歷史上，由於強權政治所引起的危險一再重現，使得強權國家會設法將實力對決的局面倒向自己有利的一方，進一步做出戰爭的決策。就過去的經驗，這項決策不僅促成德國腓特烈大帝與威廉二世、法國路易十四、大英帝國的成功，也導致拿破崙、納粹德國和蘇聯的災難性失敗。這些衝突讓國防安全競爭趨於白熱化，從而進一步引發強權間的霸權戰爭。檢視歷史的紀錄，雖然可以發現強權的衝突相對來說是比較稀少的，但不幸的是，就像大地震一樣，即使它們數量比較稀少，但是釀成的後果卻是巨大的，不但造成毀滅性災難，而且留下長久後遺症。伯羅奔尼撒戰爭、布匿克戰爭、三十年戰爭、西班牙繼承人戰爭、七年戰爭、法國大革命與拿破崙戰爭、第一次世界大戰、第二次世界大戰、冷戰，在在都強烈衝擊著國際政治，影響久遠。

而正在持續中的中美衝突，也是同樣對國際政治產生衝擊，影響久遠，但這其中還有一項值得警醒的大問題。冷戰結束後，強權政治的邏輯失效，美國卻幫助中國崛起，這一歷史現象是反常的。這一戰略上的奇特例外，正是本書所要研究的主題。一個居主導地位的強權幫助並支持挑戰者的崛起，這種非常獨特的狀況，得用其它因素才能解釋，而不能由美國政府的戰略來理解。這些因素包括經濟、金融，以及強烈的政治理想主義，認為世界上不再存在對美國構成競爭威脅的對手。從北京的角度來看，鄧小平的「威脅貶值」政治作戰策略，無論成功的程度以及持續的時間都遠超乎原本預期。

美國顯然並未對中國進行制衡，這意味著當強權政治的邏輯被忽視與不被理解，或者被認為是不再與當前時代相關，再加上決策者對此類原則、歷史、後果與指導方針都一無所知，導致強權政治的邏輯無法充分保障強權的安全。因此，無論強權政治的原則與美國所面對的戰略形勢是多麼息息相關，但是這些原則被統治者低估或不被理解，或是無法把強權政治的邏輯作為指導國家安全的工具，這也是冷戰結束後美國決策者所造成的缺陷，而遺憾的是，這一錯誤至今尚未完全獲得糾正。

冷戰時期的強權政治與美中關係

冷戰時期，美國基於強權政治的邏輯來對蘇聯進行評估。蘇聯的傳統武力以及核子武力威脅著美國的國家安全，也威懾著美國在海外的國力延伸與國家威信。美國政府基於職責，尋求來自盟國的支持，並爭取中國的支持，不僅作為制衡蘇聯的力量，而且也促成越戰的結束。當時，中國提供給美國的支持是相當重要的。首先，在一九七九年伊朗國王政權垮台後，美國撤離駐紮在伊朗的電子情報偵測站（TACKSMAN），這時北京允許美國在中國領土上設立情報站。[9]其次，中國威脅著蘇聯領土的東側，足以使蘇聯的防禦計劃變得更加複雜。自一九六〇年代中蘇決裂之後，蘇聯就同時面臨六條戰線的問題，如美國的戰略性核子武力、北約、英國和法國的核威懾、政變（伊斯蘭革命）後的伊朗、日本及太平洋地區的美國軍力，以及中國。其中，蘇聯為了防備中國，從一九七〇年代起就在中蘇邊界地區部署大約四十四個師，中國同時也成為蘇聯戰術、區域和戰略核武器的目標。

而美國為這一合作所付出的代價也相當可觀。首先，華府必須讓中國在一九七一年占據原本中華民國在聯合國安全理事會的席位。美國對中國要求無條件占據中國席位做出讓步，這一協議至今仍然有效。尼克森於一九七二年二月對中國的開放，通常被認為是毛澤東和尼克森共同操作強權政治的政治邏輯，來制衡日益增長的蘇聯威脅。這個觀點沒錯，事情確實如此，美國希望利用中國來抵銷蘇聯的力量。

然而，這也引出一個問題，如果美國繼續支持中華民國（台灣），是否能夠達成更好的結果？畢竟，即使沒有與美國達成合作協議，毛澤東的中國也會成為蘇聯的目標。這也帶出一個在戰略層面值得反思之處，比如在冷戰期間，中國到底為美國對抗蘇聯做出多少貢獻？在不同時期，華盛頓和莫斯科都曾是北京的主要威脅。一九五〇年代，美國是北京最主要的威脅，尤其是在韓戰和一九五四年至一九五五年、一九五八年的台灣海峽危機期間。然而，到一九六〇年代，儘管越南戰爭還在打，蘇聯對北京而言卻是最主要的威脅。一九六八、一八六九年的中蘇邊境衝突、蘇聯在蒙古建設機場、將轟炸機從東歐重新部署到蘇聯中亞，以及毛澤東原本預期的接班人的林彪一九七一年政變未遂，在在都提醒著人們，兩個共產主義強權在意識形態和地緣政治上，都深深存在著利益的競爭。一九六九年夏天，尼克森與季辛吉發現蘇聯正在準備對中國發動攻擊。兩國互為對方的重大威脅，這確定中蘇敵意將是強烈且持久的。尼克森顯然相信他可以充分利用這一戰略形勢以及兩大共產主義強權之間的仇恨。

即使暫不考慮「中國究竟為美國提供了什麼支持？」這個關鍵問題，尼克森本人還是相信需要與中國達成合作協議，迫使北越與美國、南越達成協議。但這一過程的結果，頂多只能說是好壞參半。事實上，中國從未切斷從蘇聯到北越的鐵路運輸線，使得蘇聯能夠持續為北越提供補給。此外，蘇聯、其它華沙公約國以及中立國的船隻，也一直都可以進入主要港口海防以及次要港口峴港，直到尼克森政府決定在一九七二年年五月對這些港口部署水雷，但這一舉措也使得鐵路線更加重要。之後《巴黎協定》的簽署以及美國在一九七三年三月從越南撤軍，越南對美國的重要性便下降了。然而，尼克森的看法是，中國仍然是制衡蘇聯力量所必需的。開拓一個新的冷戰戰線來對抗蘇聯，被視為至關重要。中國確實提供這一點協助是沒錯，但無論是否與美國結盟，它都無法避免蘇聯的敵意。與所獲得的結果相比，美國所付出的代價是得不償失的。

尼克森之後的福特以及卡特政府，也都相繼維持強權政治的邏輯。卡特決定於一九七九年一月一日承認中國，同時推行「一個中國」政策，孳生讓北京往後得以在這個議題上持續施壓的空間，變成美國付出的一項明顯代價。位在台北的中華民國政府不再被美國所承認，美國因此失去這個可以制衡中國的槓桿，也無法繼續在台灣駐紮空軍或海軍，以及與台灣國防力量整合的絕好機會。當時，由於中國的空軍以及兩棲作戰能力不足以進攻台灣，也不足以封鎖台灣並迫使台灣投降，因此台灣仍然足以持續抵禦中國的侵略。

美國所獲得的利益是相當重要的。如前所述，美國得以將原本在伊朗的電子情報偵測站點轉移到中國（行動代號為CHESTNUT）。而需要付出的代價則是要與中國分享情報。[10]一旦獲得承認，中國就達成其主要外交目標，並且這一目標至今仍在繼續進行，中國不斷向世界各國施壓，要求各國承認中國，而不承認中華民國。

美國還不得不對赤柬（紅色高棉）分子在柬埔寨的種族滅絕行為視而不見。中國支持赤柬和西哈努克王子（Norodom Sihanouk）與美國支持的朗諾政府作戰，直到一九七五年赤柬推翻了朗諾（Lon Nol）政府。赤柬的種族滅絕估計造成了一百五十萬至三百萬柬埔寨人死亡，約占一九七五年柬埔寨七百八十萬人口的四分之一，而其後果至今仍在發酵，現在中國正在柬埔寨的雲壤建設海軍基地。

當時中美之間還有其它合作項目，其中一項是支持安哥拉徹底獨立全國聯盟（UNITA）的游擊隊，來對抗蘇聯和古巴支持安哥拉人民解放運動（MPLA）所領導的政府。另外，由於受到蘇聯入侵阿富汗的影響，中國對阿富汗的援助主要有彈藥、輕武器、重型機槍、地雷、迫擊炮、作為運輸用途的驢子，以及外交方面的支持。美國於是負擔這些物資的費用，而中國則負責運送。中國既成為支持阿富汗抵抗的蘇聯的力量，也成為中蘇關係中的一道障礙，更符合卡特、雷根政府對阿富汗游擊隊的支持政策。

另一項合作項目是讓中國學生到美國留學，這個到美國學習的機會很快成為城市青年最嚮往的一項權利。中國留學生在理工科（STEM，即科學、技術、工程、數學的英文簡稱）領域中從事大量的實驗室研究助理工作，成為大學高科技勞動力的重要部分。美國的大學開始依賴來自中國的研究生，並在這一現狀中，產生大學自身的既得利益。中國赴美留學生人數遠超過卡特政府的預期，奠定知識轉移的基礎，空前大量的知識轉移到中國。幾十年來，大學生和研究生的教育，實質上是在「教育敵人」。這造就現代中國的理工科大學體系，因為許多中國大學的教師都是在西方接受過教育的，或者是由那些在西方受過教育的人所培訓的。

自一九七九年以來的數十年間，大約八萬名學生與學者來到美國，其中包括王滬寧，王曾在一九九一年撰寫《美國反對美國》（*America Against America*）一書。而今天，王滬寧是習近平的親密戰友，自二〇二二年中共二十大會議後，成為中央政治局七位常委的其中一位。中央政治局常委是中共最有權力的核心，而王滬寧正是中共政權當中最突出的意識形態理論家。王滬寧的角色相當於蘇聯共產黨的米哈伊爾·蘇斯洛夫（Mikhail Suslov，1902-1982），他是蘇聯意識型態的捍衛者，負責保衛共產主義意識形態的純潔性來對抗西方影響，並維繫與其它國家共產黨間的關係。蘇斯洛夫從未到過美國，也幾乎未曾與非共產國家的西方人士交流過，相對地，王滬寧則是在一九八八年至一九八九年曾以訪問學者的身分住在美國六個月，訪問過三十多座城市，近二十所大學。

更有甚者，卡特首次批准中國的貿易最惠國待遇（MFN）地位。就這樣，兩個共產強權當中，中國得到蘇聯所沒有的最惠國待遇。當時的美國副國務卿華倫．克里斯多福（Warren Christopher）在一九八〇年時說道：「我們希望中國下一代領導人，在一九九〇年回顧時，能夠滿意兩國所建立的關係，並將美國視為一個可靠的發展夥伴。」[11]

後來中國要求美國輸出軍事技術，一九八〇年一月當時由國防部長哈洛德．布朗（Harold Brown）評估後，批准向中國出售「非殺傷性」軍事援助，包括防空雷達、通訊設備與運輸直升機。還出售一個大地衛星（Landsat，又譯蘭賽衛星）的地面站，表面上是為了民用目的，但實際上對中國的衛星偵測技術是一大突破，使中國的軍事、情報衛星的解析度得以大幅提升。[12]一九八〇年九月美國國防部副部長威廉．培里（William Perry）率領代表團訪問北京，並考察中國的軍事防禦設施，討論進一步的軍事技術銷售，不過後來在卡特總統任期結束前都一直未實施。[13]

如此一來，中國與美國的關係，就有如羅馬史上凱撒渡過盧比孔河（Rubicon）那般，渡過一道關鍵的分水嶺。中國是一個共產主義強權，而美國與他打過兩場仗，不光只是韓戰，也包括越戰，當時中國人民解放軍在一九六五年至一九六八年的滾雷行動（Operation Rolling Thunder）期間，於北越部署防空砲兵陣地[14]，解放軍曾擊落過美軍飛機，造成美軍傷亡，另外還有數萬名中國工人幫助北越建設運輸設施。而隨後這些防空陣地與運輸設施也被美軍攻擊，造成傷亡。無獨有偶，就在十幾年前美國曾與中共在北越交戰過，甚至二十幾年前中美雙方在韓戰中相互廝殺。然而現在，美國卻賣給中國夢寐以求的先進西方武器設備以及軍事科技。從強權政治的邏輯出發，美國之所以把絕不可能賣給蘇聯的軍事技術賣給中國，是為了幫助中國的軍事力量，來制衡蘇聯這個中美所共同面臨的威脅。

之後的雷根政府在北京與台北之間左右為難，但最終仍然將卡特的政策繼續向前推進，但同時也加強對台灣的支持。這一政策透過一九八二年《台灣防衛法案》（Taiwan Defense Act）得以實現，該法案解決卡特和鄧小平在一九七八年底達成的關於中美雙邊關係正常化協議中未解決的對台軍售問題。在卡特任期的最後幾年，美國每年向台灣出售約五億美元的武器。在一九八一年，雷根簽署「第十一號國家安全政令」（NSDD 11），允許美國向中國軍方轉移先進技術，來提高其作戰效能。在一九八二年，又有第十二號國安令，進一步推動在軍事以及民用核子領域方面的合作。[15]

中國將雷根任期稱為「黃金十年」，因為不但有軍事技術的轉移，還有突破性的一步，就是美國汽車公司（AMC）在中國開設吉普車生產線。現在有美國公司在中國進行生產，這在蘇聯是永遠不可能實現的。[16]雖然卡特強調是「非殺傷性」的軍事援助，但親中派的領袖國務卿亞歷山大・海格（Alexander Haig），與國家安全顧問理查・艾倫（Richard Allen）、國家安全委員會官員、後來於一九八一至一九八四年擔任美國在台協會（AIT）會長的李潔明（James Lilley）以及國防部長卡斯帕・溫柏格（Caspar Weinberger）等親台派意見分歧，並在一八九一年六月告訴鄧小平，美國將出售殺傷性武器給中國。[17]海格向中國人民解放軍副參謀長劉華清發出邀請，請他至華盛頓討論軍武採購。[18]更重要的是，在一九八一年夏天，有許多卡特政府的前任官員前往中國。[19]中國官員發現，許多美國政客在離開政府後，往往會尋求利用中國的關係來賺錢，同時也發現到這些人仍然在美國政界、商界擁有重大影響力。不僅如此，他們未來也仍有可能再度回到美國政府任職。

隨著海格在一九八二年七月退休，緊張情勢解除了。一九八二年八月十七日第三份中美聯合公報的《八一七公報》，是美國與中國達成的一項重大協議，且具有爭議，內容也涉及台灣，並成為「六項保證」的基礎。雷根政府並未如北京所願承諾終止對台軍售，但也的確同意對軍售多設定一些原本沒有的限制。雷根向台灣承諾的「六項保證」包括「美國不會改變《台灣關係法》、不會改變對台灣主權的立場、不會與中國商量向台灣出售的軍武種類、不會試圖在中國與台灣之間進行調解、不會向台灣施壓與中國進行談判。」雷根還立即指示寫下一頁備忘錄，秘密且單方面地撤銷了他所簽署過的內容。[20] 雷根表示，只要中台之間的軍事力量平衡得以維持，美國將限制對台軍售。[21]

基本上，當雷根對台灣的政策確定下來之後，雷根的想法是，如果中國方面進一步挑釁，或者擴張軍事力量以及軍事投射能力，以至於威脅到區域穩定時，那麼美國就會增加對台軍售。[22] 李潔明如此描述：「對雷根而言，美國外交政策的出發點必須是維持台灣海峽兩岸的平衡。」[23] 隨著對台灣的威脅日益增加，美國就會加強措施來遏止侵略。因此，雷根的對台政策就是維持對中國的制衡能力，也要有傳統武力遏止中國攻擊的潛在可能性。

海格的繼任者喬治・舒茲（George Shultz）相信，比起美國需要中國，中國更需要美國。舒茲希望再次把日本當成關鍵同盟國，作為美國在太平洋警戒蘇聯威脅的中心點。舒茲同時也質疑，美國為了與中國友好所必須付出的代價是否值得？這的確是一個該問的好問題。[24]雷根於一九八四年訪問中國，一年後，中國國家主席李先念成為中國名義上的元首並訪問美國，代表著積極建立友好關係的象徵。雷根的任期與尼克森、福特、卡特等不同之處在於，與中國的合作雖然緊密，但並不深入。整個一九七〇年代，中美兩國的關係因為缺乏正式建交而受到限制。到了一九八〇年代初期，關係進一步加深並且開花結果，這個年代可以說中美關係是到達頂峰。讓中國的與西方的經濟體系進行接觸，對中共的利益相當重要，中國在一九八六年加入亞洲開發銀行，並申請加入關稅與貿易總協定（GATT，WTO的前身），雖然當時美國並未支持。

然而，美國的軍事援助流向中國。在一九八四年六月，雷根批准美國國防部軍售給中國，使得中國得以直接購買美國軍火，並且向美國進行融資。雖然軍售的範圍很小，但是對於補足解放軍的弱點而言卻很重要，包括在殲八（蘇聯米格二十一型戰機的翻版）戰鬥機上用美國的電子設備升級，該計劃稱為「和平珍珠行動」（PEACE PEARL），而這些升級的戰機被稱為（瀋陽廠）殲八二型[25]，還用於出口外銷。同時，由於中國在一九八〇至一九八八年兩伊戰爭期間，向伊朗和伊拉克出售武器，軍武擴散變成一個重要問題，尤其是在一九八七年五月雷根政府決定讓科威特的油輪重新掛上美國旗幟後（由於這些油輪實際上成為美國的船隻，理應受美國海軍保護），海鷹二號反艦導彈（西方稱之為Silkworm，又譯蠶式飛彈）受到重大關切。中國官員徹底否認有出售過這些導彈。雖然美國基於共同對抗蘇聯而與中國發展良好關係，但這種缺乏誠意的態度，使得許多美國國防界人士對中國的善意被大大潑了一桶冷水。

在一九八七年十月，雷根政府宣布將限制對中國出口高科技，作為對中國銷售導彈的回應。[26]儘管商業界提出抗議，但幾個月之內，中國承諾以後不會向伊朗出售飛彈，但不承認過去曾出售過這些飛彈。隨後爆出消息，中國已對沙烏地阿拉伯出售三十六枚中程東風三型（北約代號：CSS-2）彈道飛彈，並已承諾敘利亞出售東風系列的九型與十一型飛彈（M-9、M-11），另外還有進一步的銷售計劃正在進行，準備賣給伊朗、巴基斯坦和利比亞。這顯示出北京無視美國警告的情況下，仍然從事飛彈擴散的活動，這種行為模式一直是中共的一貫做法，但美國的國安機構與政府未能發現，或者無法作出回應。於是中國不斷侵犯美國國安利益、威脅美國軍事安全的情況下，追求自己的利益。

在一九八八年，美國國防部長法蘭克．卡魯奇（Frank Carlucci）開放出口許可證，允許美國製造的商用衛星使用中國的長征系列火箭發射，這是中國的一項重大成果。這是美國首度批准由非西方盟友的國家發射美國製造的衛星。當時，亞洲國家與澳洲的公司希望把休斯飛機公司（Hughes Aircraft）製造的衛星拿去中國發射，因為中國的發射成本較低，並且在美國雷根政府的支持下，休斯公司強烈遊說批准該項發射計劃。儘管計劃也面臨通用動力（General Dynamics）以及馬丁．馬瑞塔（Martin Marietta）這兩間公司的反對，因為這會破壞他們的衛星發射價格行情。[27] 批准中國發射衛星，雷根政府不但幾乎沒有得到任何回報，而且還使衛星技術曝光，給中國機會獲得這些技術。

繼雷根之後，老布希政府剛一上任就在一九八九年二月面臨一個難題，提倡政治自由的異議人士方勵之，在北京接受美國總統老布希的宴會邀請[28]。在西方的媒體中，方勵之被視作是蘇聯的異議人士安德烈．沙卡洛夫（Andrei Sakharov），他們同樣也都是物理學家。中國政府出動警察阻止方勵之參加該場宴會。在將近二十年的期間，在兩國高層領導人的會議上，還從未出現過這麼難堪的場面。鄧小平為了阻止一個中國公民參加美國總統的晚宴，竟然動用了秘密警察。原本根據先前的協商，美國官員相信方勵之可以出席，結果中國政府還是未遵守協商的結果。[29]基本上，直到現在，中共政權一直都非常沒有安全感，非常害怕無法穩固控制中國人民。[30]這次事件中老布希政府卻遭到鄧小平的羞辱，老布希政府試圖把責任歸咎於美國大使溫斯頓．羅德（Winston Lord）。對此，調查記者詹姆斯．曼恩（James Mann）認為，在某種程度上，老布希總統和國家安全顧問布蘭特．斯考克羅夫特（Brent Scowcroft）對中國的認知，還停留在一九七〇年代的社會管控，而沒能察覺到中國城市居民已經產生變化，尤其是北京的年輕人對於政治改革的訴求。[31]總之，美國未能預見到鄧小平當局會對邀請方勵之作出如此激烈的反應，同樣也未能預測到鄧小平對一九八九年六月天安門廣場事件的反應。老布希試圖在美蘇冷戰持續的過程中，維持中美關係的穩定，這一點是值得正面評價的，因為維持中國在強權權力制衡中的角色，是非常合乎邏輯的。蘇聯總書記戈巴契夫（Mikhail Gorbachev）於一九八九年五月訪問北京，由此明顯可見，戈巴契夫深諳強權政治之道。[32]

戈巴契夫在歸還日本「北方領土」的問題上尚未能取得進展，無法使日本中立化，而與西德的談判也一樣失敗，而戈巴契夫向西德總理柯爾（Helmut Kohl）提出以德國統一為條件，換取西德退出北約，使統一後的德國中立化，這項談判也同樣失敗。而中國為戈巴契夫提供機會，使戈巴契夫能夠穩定東方前線、減少國防開支，並用來支持經濟改革、改善與中共關係。自尼克森時期以來，華府就一直擔心北京與莫斯科會重新回到冷戰初期的友好關係，這將增加對美國及其盟國的威脅。如果戈巴契夫的外交任務成功，可能再次將北京推向蘇聯陣營，這意味著美國將回到激烈而危險的冷戰。

戈巴契夫是一位富有魅力的領導人，他需要改善中蘇關係。蘇聯的軍隊正在從阿富汗撤退，而戈巴契夫也已經承諾，將單方面撤除中蘇邊境上大部分的兵力。然而戈巴契夫訪問北京並未帶來重大的變化，因為鄧小平熟稔地緣政治的現實，他知道戈巴契夫處於一個弱勢的位置。在鄧小平看來，在一九九〇年代，從西方這邊可以撈到的利益，遠比奄奄一息的蘇聯更多。

在一九八九年四月十五日，兩年前下台的前中共總書記胡耀邦去世，引發大群學生在天安門廣場一帶悼念胡耀邦。[33]學生與群眾最初是前來天安門廣場的人民英雄紀念碑下為胡耀邦獻花，後來演變成為示威活動，從幾千人增加到幾萬人，後來超過十萬人，到了一九八九年五月十五日戈巴契夫到達時，抗議人數已達到約五十萬人，數天後突破一百萬人。戈巴契夫的訪問期間，美國第七艦隊藍嶺號等數艘軍艦也訪問上海，意在削弱蘇聯的影響力，故意當著戈巴契夫訪問期間，強調中美軍事合作的重要性。但天安門事件的發生，使戈巴契夫與美國軍艦都變得不重要了。[34]

老布希曾試圖透過私下的管道警告鄧小平停止鎮壓，但事實證明，當事態關鍵時，老布希與鄧小平的關係，已無法阻止鄧小平為了保衛共產黨政權而採取行動。鄧小平的親密戰友總理楊尚昆說：「我們已無退路。」，而鄧小平則表示：「如果再退一步，我們就完了。」[35]李潔明研究鄧小平將近三十年，他的評論是，儘管鄧小平是中國經濟的改革開放之父，但他始終是一個不折不扣的共產黨，堅決主張使用武力恢復秩序。[36]在同年六月九日，鄧小平在屠殺後首度公開現身，語氣堅定地說：「一小撮反革命叛亂分子的目的，就是要推翻共產黨政權，推翻社會主義體制，推翻中國，來建立一個資產階級政權。」[37]鄧小平絕不讓步。這又是另一個持續影響深遠的事件，足以說明美國領導者以為可能可以運用個人關係來影響、改變中國的想法，在戰略上是何等愚蠢。

對於一九八九年六月三日至四日發生的天安門廣場屠殺事件，老布希政府反應冷淡，甚至可說是漠不關心，再加上後來國安顧問斯考克羅夫特於六月三十日至七月一日秘密訪問北京，這些動作都是為了要向鄧小平保證，美方希望保持雙方的關係。同年秋天，尼克森與季辛吉也單獨訪問北京，接著斯考克羅夫特又於十二月再度秘密訪問。

中共的脆弱狀態持續了一段時間。天安門事件後的兩年內，中國的經濟處於脆弱狀態。日本政府在屠殺事件後，暫停對中國的五十六億美元貸款，而世界銀行則凍結超過二十億美元的新無息貸款。如果說，美國曾經有過那麼一段時期，對中國擁有顯著的經濟影響力，那正是這段期間。但美國政府並未利用這一影響力，隨後局勢逐漸恢復到原狀。幾年內，鄧小平大大成功地重振中國的經濟成長，而美國擁有經濟影響力時刻也就過去了。38

天安門事件帶來一個好機會，假如當初美國決定給中共施加強大壓力，中共可能會因此失去政權。美國本可以對中共施加嚴厲的制裁和外交壓力，至少布希政府可以強力主張，讓這個剩餘的共產主義國家永遠失去其合法性。拜兩次世界大戰留下來的遺產之賜，當時的美國仍然擁有無與倫比的強大實力，並且具備強大的政治作戰能力，足以對中共造成打擊。美國對於共產主義及其侵略性意識形態，本來是有著深刻瞭解的，然而，隨著幾十年的時間流逝，美國的決策者失去這種認識。

雖然今天回顧並瞭解中國崛起的過程，是一件令人感到痛苦的事，但老布希政府當年意圖積極維持與中國的良好關係，是合乎邏輯的，這是為了應對蘇聯威脅的不確定性，需要與中國維持一個對抗蘇聯的協定。後來蘇聯瓦解後，才不再是強權權力平衡計算中的因素。這一變化發生在一九九一年八月，發生一場針對戈巴契夫的政變，葉爾欽代表的俄羅斯民族主義勢力就此崛起，取代蘇聯共產黨。儘管俄羅斯擁有龐大的核子武力，仍是重要的軍事強權，但它已不再是強權政治中的主要考量因素了。

日本的力量也值得關注。雖然日本是一個民主國家，也是美國親密的同盟，當蘇聯的力量變弱、瓦解之時，當時中國還不足以對美國形成挑戰，印度也一樣，那麼美日的同盟關係就會隨之弱化或者中止，因為缺乏威脅作為維持同盟的理由。那麼日本若擁有相對於美國的力量，就會是強權政治中的一個考量因素。在可能的未來，如果美日關係變差了，那麼中國就會成為日本用來平衡的一個砝碼。

另外一個因素是，當時的美國政府也無法確定中共當局是否能繼續統治中國。一九八九年東歐各國共產黨政府的垮台風潮，以及一九九一年十二月的蘇聯解體，讓美國政府不禁思考，共產黨被推翻後會遭遇什麼樣的未來，包括中共垮台、以及鄧小平遭到推翻、新領導上台等可能性。中共與鄧小平能否繼續掌權的不確定性，大大影響大布希政府的思考模式，讓老布希政府思考如何運用手段來改變結果，以及在鄧小平領導下，中國對亞洲其它強權的平衡價值。但隨著中共在天安門屠殺事件後，幾年內對中國人民的統治逐漸穩定下來，美國的行動能力也逐漸減弱。39

基本上，在一九八九年至一九九一年之間東歐共產黨垮台、蘇聯解體的餘波當中，當時的中國還並未強大到足以令美國感到堪慮，布希政府沒有多餘的時間、精力與資源來把中國當成強權對手，畢竟當時中國展現出的威脅性相對而言還很小，重要性還不如德國統一、蘇聯解體，以及波斯灣戰爭（一九九〇～一九九一年，沙漠之盾與沙漠風暴行動）。當時中國的前途未卜，充滿著風險與不確定性，還說不定可能發生和平演變導致政府垮台。當時的中國很虛弱，不足以扮演一個強權的角色來影響強權權力平衡或威脅美國的國家安全。中國的生產總值（GDP）只不過占全世界的一．六%，對美國來說算不上什麼威脅。不過，台灣發生戰爭的危險性沒也有被遺忘。事實上，當時美國批准銷售一百五十

② 譯註：係指聯合國第六六〇、六六一號決議案，分別是要求伊拉克立即無條件撤出科威特，以及對伊拉克實施國際制裁。

架F-16戰機給台灣，這也是為了回應中國向俄羅斯購買地對空飛彈、基洛級潛艇、蘇愷27戰機等先進武器，這些武器足以改變中國與台灣的軍事平衡。40

中國在聯合國對波斯灣戰爭投下支持票，②使得布希得以順利擊退海珊對科威特的侵略。這看起來似乎足以證實斯考克羅夫特的操作是明智的，保持對中國的友好關係。當時，擊退伊拉克的侵略對老布希政府而言，是立即而且明顯的優先度最高事項。強權權力分布一面倒向美國，導致一個獨特的情況，美國可以做「單極行動」，在國際政治上擁有無以倫比的影響力，因為沒有其它超級強權，蘇聯已經消失了。甚至也沒有一般強權，可以在影響力上跟美國一爭高下。

歷史終結論

一九八九年一連串的政治變革事件，預示著鐵幕的終結，包括六月波蘭的自由選舉、七月匈牙利的有限度自由選舉，以及東德開放人民前往匈牙利旅行，而匈牙利與奧地利邊境甫解除軍事管制，形成一條東德人民的逃亡大道。在一九八九年，在國際政治上是一個全新的時代的開始，不僅局勢變化風起雲湧，在思想上也非常活躍，學者法蘭西斯・福山指出至此西方的自由民主已確立其優越性，從而產生一個黑格爾哲學式的「歷史終結論」觀點。

從福山的觀點看來，黑格爾的「絕對精神」（Geist）已經透過辯證法的過程揭示民主政府與資本主義將成為終極的典範。簡單來說，世界已經學習到最佳的政治與經濟體系應該長什麼樣子，所以接下來所有國家都理解到這點，並採用民主自由體系，僅是時間的問題罷了。福山如此論述：「西方的勝利，首先是西方思想的勝利，事實已經證明，並沒有任何一種替代性體系比西方自由主義更具有可行性。」[41] 福山接著說：「過去的數十年，是一段特殊的戰後時期，但歷史最後終結了，抵達人類意識形態演化的終點，西方的自由民主作為人類政府的終極形態，適用於全球而普世化。」[42]

福山提出的觀點具有深遠影響，主要表現在以下四個層面。首先，提出的時間點非常完美，文章闡述的思想隨著當時每日時事的發展而廣受傳播，似乎每一天的時事都在證實其邏輯，提供更多的實證來支持他的論點。無論是席捲東歐的革命、中國國內的民主呼聲以及蘇聯的衰亡，似乎全都在呼應解答著這個問題。一九九〇年代中歐、東歐國家採納民主與資本主義的風潮，這歷史的進程似乎也印證福山的觀點是對的。

其次，福山這個論述卻極為奉承西方。當西方發展出民主自由等思想，因此當世界其它地方也得出相同結論時，從而使西方的自尊心得到確認，讓西方的知識分子、政治家、基金會和媒體之間產生一種自大自滿的心態，認為西方是人類歷史發展的極致。另一方面，這也為使用外交壓力和武力推廣民主的作法提供理論上的根據，為了促進人類發展的進程。因此，西方無論是一九九〇年代對俄羅斯改革與經濟「衝擊療法」的介入、在南斯拉夫與科索沃戰爭、九一一事件後在阿富汗，以及二〇〇三年後在伊拉克建立民主的願景，都受到福山觀點的影響。

第三，此論述也具有政策意涵，與當時美國國家安全高層決策者的偏好吻合。柯林頓總統在一九九四年一月的國情咨文中，將「民主和平論」視為社會科學的定律，換言之就是認為「民主國家不會互相開戰」[43]，這成為柯林頓政府「民主擴張」戰略的主旋律，發揮極重要的作用。此種觀點也使得英國首相湯尼．布萊爾（Tony Blair）與英國外相傑克．史特勞（Jack Straw）在一九九九年支持北約對塞爾維亞的聯合軍事行動，聲稱這是為推進民主、人權而發起的第一場戰爭。因此，在巴爾幹半島西部、海地、俄羅斯以及前蘇聯國家推動民主，便是推動和平與人權事業，同時讓這些國家服從自由主義國際秩序的要求。在許多西方政界人士與分析家看來，中國無疑也會被黑格爾式的歷史潮流所帶動。畢竟，「亞洲四小龍」的香港、新加坡、南韓和台灣，都已徹底實現從威權主義到民主體制的轉型，因此西方領導人抱有信心，相信中國也同樣將會如此。小布希（George W. Bush）政府也採用類似的概念，扮演「民主鞏固」的角色。二〇〇三年美國入侵伊拉克的其中一個理由是認為民主化的伊拉克將促進中東地區民主的成功，成為民主自由的燈塔而引起其它中東國家紛紛仿效。

第四，這一理念滲透進入西方的國家安全文化，成為外交政策的決策者以及有影響力人士的信念，包括外交關係委員會、各主要智庫、慈善基金會、媒體以及學術界，連軍校的課程也體現這一思想。[44] 此外，由於網際網絡與其它科技創新的出現，打破了以往距離的限制，商品可以在任何地方生產，服務也可以在任何地方提供，因此全球化將帶來製造業的效率，再加上物流交貨時程的精準化，對投資者和華爾街而言是一大鼓舞。美國為全球化付出的成本是相當可觀的，它削弱美國製造業的實力，並傷害無數的美國社區。推動自由民主，也意味著推動人權，包括婦女權利，以及全球化的基本理念。福山理論意味著「和平紅利」的承諾，在美國國內成為一種自我授權的理論根據，於是柯林頓政府開始拆解雷根時代建立起來的美國軍事力量，不但獲得美國兩黨的支持，各個非政府組織（NGO）也都大力鼎助，這些組織希望運用這一理論，將父權制國家掃入歷史的垃圾堆，摧毀傳統的、壓迫性的文化，來推動婦女、少數族群、性傾向少數族群的權利。

綜上所述，「歷史終結論」的影響力實在是不容小覷。其造成的後果就是讓美國的國安決策者們自我解除武裝，無力面對中共始終存在的意識形態動機。這不啻為中共提供一個工具，得以欺騙美國的國安決策者，因為這種理論誘使他們誤信，中國的政治改革「已近在眼前」，必然會隨著經濟改革的推進而發生。事實上，也許最具破壞性的是，它為親中派提供支持。如果福山的理論是正確的，那麼西方的決策者就有責任支持與中國展開接觸，促進投資與合作，來進一步推動中國的經濟，隨著時間的推移實現政治民主化。因此，福山的理論為親中派提供理論基礎。這一邏輯似乎與世界各地的政治發展相符，民主的進程正在推進當中。

當然，歷史並沒有終結，西方被迫察覺到歷史並非一個具有目的性的過程，而是一個循環性的過程。國家總是會隨著實力對比的變化而興衰，而這些變化又是受到經濟成長或衰退的速度差異所影響。[45]美國在某一段時間內占據主導性地位，並不表示將永遠如此，因為權力在國際政治中會重新分配。我們知道聖經上只有十誡，並沒有什麼第十一誡說：「美國是全能的」。假如歷史果真是具有目的性的，那麼歷史的終結，也未嘗不可能是由中共推動的共產主義。如果歷史是循環性的，那麼每一個霸權國家，或者潛在的霸權國家，都會相信自己的意識形態是最好的，並且自己定義歷史的終點。

總而言之，福山的論述應被視為政治自由主義的表現，甚至是今天進步運動（progressive movement）的靈感來源。美國人以及領導者經常通過目的性觀點來看待國際政治。對於政治自由主義者而言，戰爭是一個可以透過良好的意識形態或良好的經濟體系，甚至兩者兼具來解決的問題。自由主義是目的論的，認為世界各國正在朝向良好的目標邁進。如果各個國家都是民主體系、自由市場，那麼它們的共同信念將使它們免於衝突。民主與自由市場資本主義是政治與經濟組織的最高形態。威爾遜之所以讓美國在第一次世界大戰中參戰，目的是讓世界變得對民主體制更加安全。十九世紀的自由市場經濟學家巴斯夏（Frédéric Bastiat）曾說：「當商品無法跨越國界時，軍隊就會跨越國界。」他的觀點精準地捕捉自由主義者的信念「貿易能促進和平」。福山的論點引起美國菁英的強烈共鳴，其理論內在的自由主義本質，比起黑格爾哲學還更受到於美國政策制定者與學者的熱烈歡迎。

冷戰後的中美關係：兩國緊密互動勝過強權政治

隨著蘇聯的解體及其對美國威脅能力的消失，原本美國的決策者一直被迫維持以強權政治為最優先的核心考量，現在這種紀律逐漸失去重要性。到了一九九〇年代中期，「歷史終結論」以及投資中國所帶來的金錢利益成為焦點。國安圈的認知變化來得非常迅速，在地緣政治上制衡同級對手的必要性，實質上轉變為美國能夠為所欲為，無需擔心有對手能制衡美國的力量。一九九二年三月《紐約時報》曾披露「一九九四～一九九九年財務年度防務政策指導草案」（DPG），文件日期為一九九二年二月十八日，是警示關於強權政治重要性的最後絕響之一。[46] 該草案訴求讓美國保持主導地位，防止另一個競爭對手的崛起，無論是俄國或是任何別國。這是一個重要的戰略見解，有機會可以進一步形成針對中國崛起的策略，旨在勸阻、預防或推遲中國的發展。

該草案無疑與強權政治的邏輯是一致的。強權興衰不定，國際政治中永遠沒有「暫停」按鈕。除非精心管理，否則權力將會重新分配，因為經濟成長率以及相對力量總是在不斷變化。我們不妨思考一下，假如當初以及後來的政府有採納該草案的見解，說不定今天美國還能夠維持原本的地位，美國最大的安全威脅可能就得以避免，中國對美國人民與美國國家安全利益的有害影響可能也就得以防止。

柯林頓的任期是後冷戰時期的首任美國政府，當時美國並未面對同等級的競爭對手，而中國也沒有能力挑戰美國的軍事力量，因此美國可以將軍事實力用於支援較小規模的任務，包括支持聯合國在索馬利亞的行動、在伊拉克執行「禁航區」任務、應對伊朗與北韓的區域性威脅、支持波士尼亞穆斯林和克羅埃西亞來制衡波士尼亞與黑山的塞爾維亞勢力、在佛伊弗迪納（Vojvodina）制止對匈牙利裔的種族清洗、在科索沃制止對阿爾巴尼亞裔的種族清洗、制止塞爾維亞侵略馬其頓，並穩定海地局勢等等。柯林頓總統任期前兩年的特徵，在於積極地根據中國的人權紀錄去衡量是否延續中國的最惠國待遇。[47]中國的最惠國待遇是兩國經濟關係的核心，若中國擁有最惠國待遇，幾乎可以像世界上所有其它國家一樣與美國進行貿易。如果失去最惠國待遇，中國的產品將面臨高額關稅等貿易障礙，使它們難以在龐大的美國市場上銷售。

自從一九八〇年代國會首次批准卡特總統延續中國的最惠國待遇政策，這項貿易優惠每年都一直悄悄地展延，大家也都預期將會一直如此。然而，作為一個共產主義國家，中國仍然受制於《傑克遜—瓦尼克修正案》（Jackson-Vanik Amendment）的條款，該條款要求總統每年正式展延，國會有權否決總統的決定。總統決定的最後期限是每年的六月。天安門事件後不久，最惠國待遇再次悄悄地展延一年，這樣的做法予人不好的觀感。對老布希政府而言，有時很難解釋為什麼美國在戈巴契夫試圖改革並放棄蘇聯帝國的同時，卻偏袒北京而不是莫斯科，尤其在天安門事件的鎮壓顯示出中國的暴政時。如果說，共產國家注定要走進「歷史的垃圾堆」的話，那麼這本來應該是給中共施壓好時機。

在一九九〇年三月，當時的加州民主黨代表南西・裴洛西（Nancy Pelosi）在國會成立一個新的工作小組，旨在反對老布希政府的對中政策。48 一九九〇年國會首度爭論關於最惠國待遇時，在美國的中國學生對國會施加強大的影響力，不過他們很快就從最惠國待遇的辯論中消失。在這場辯論的初期，美國商界的影響力相對較弱，而且他們的利益也未被充分代表。最初參與聽證會的只有玩具製造商與美國小麥種植者協會。然而隨後商界很快就占上風，在老布希政府末期及柯林頓政府初期，在每年的最惠國待遇辯論中占據主要的影響地位。

在當時西藏也是一個棘手的問題，因為有許多知名演員支持西藏人士。西藏人士的組織很快對裴洛西施加壓力，要求她將人權與西藏的問題與最惠國待遇掛鉤，裴洛西在一九九〇年拒絕這一提議，但在一九九一年答應這一要求。最後，幾乎所有對中國有利害關係的團體和組織，都希望在起草具體的最惠國待遇條件時發聲。雖然裴洛西更希望將關於最惠國待遇的討論集中在對人權上，但當時的德拉瓦州民主黨參議員喬・拜登（Joe Biden）要求最惠國待遇條件中也包含對中國減少武器擴散的具體要求，因為中國擴散軍武的行為使利比亞、伊朗、巴基斯坦和敘利亞等國家受益。最惠國待遇問題形成國會試圖影響美國對中政策的焦點。

在一九九二年總統競選期間，柯林頓公開譴責老布希政府的對中政策。柯林頓七月在紐約民主黨全國委員會的演講中說出那一段最著名的話，當時他承諾：「美國將不再寵壞從巴格達到北京的獨裁者」。具體而言，柯林頓的競選訴求與民主黨領導層及國會多數派是一致的。他呼籲對中國施加一系列條件，要求中國在每年獲得展延最惠國待遇之前必須達到這些條件。

在對中政策這一方面，柯林頓從美國老一輩戰略家的智慧和政治眼光中，獲得幾乎是奇蹟般的禮物。柯林頓成為第一位在美國獨強，實力對比大大有利於美國的情況下執政的總統。因此「歷史終結論」的理念也滲透整個國安圈，儘管仍有例外，例如網路評估辦公室主任安德魯・馬歇爾（Andrew Marshall），以及前文提到那份被洩露給《紐約時報》的DPB財務預算草案的作者，這些人理解這樣的實力對比只是暫時有利於美國。不可避免地將會有新的競爭對手崛起，威脅到美國的國家安全利益。如果美國無所作為，不採取有效的對策，將再次面臨一個競爭激烈的地緣政治環境。

柯林頓政府在兩方面改變老布希政府的最惠國待遇展延政策。首先，美國政府刪除要求中國對軍武擴散行為負責的措辭。其次又削弱人權條款。中國學生希望柯林頓關於最惠國待遇的行政命令中包含一項條款，要求北京釋放因天安門鎮壓而被拘禁的「所有政治犯」。柯林頓政府又與國會進行談判，將「所有」一詞刪除。在談判的過程中，有一點事後證明很關鍵，但當時幾乎很少人注意到，柯林頓政府決定採取行政命令的方式，而國會也放棄將其訂定為法律條款。中國學生選擇不批評這一舉措，這可能是因為他們對柯林頓政府執行自己命令的信心不足。政府實現一個微妙的小動作，它勸阻國會將柯林頓在競選中支持曾經背書過的，並且在其行政命令中寫入的最惠國待遇條件性立場寫入法律。在當時看來，國會若採取這樣的行動，似乎沒有必要性。

一年後，柯林頓做出一百八十度的「向後轉」。這產生了巨大的影響，因為它是中國崛起的關鍵因素之一。柯林頓的舉動是基於這樣一個觀點：「中國願意就人權條件進行談判，並沒有一昧違反美國的行政命令。」[49] 柯林頓政府的合理預期是，在接下來的一年裡，兩國之間會就此問題進行討論。根據中國過去兩年的行為，這是完全合理的，因為在老布希任期的最後兩年，中國表現出願意在人權問題上做出重要妥協。當國會表決日接近時，中國會釋放異議人士，釋放出信號或作出其它實質讓步，來幫助老布希，避免他在國會表決中失敗。過去的確是這樣子沒錯，然而之後的情況不再如此。[50]

正如曼恩（Mann）所說，柯林頓的這個邏輯有四項謬誤。[51] 第一，是用「好警察與壞警察」的方式，來讓民主黨的總統，以及主張對中國施加更多壓力的共和黨國會，分別扮演白臉與黑臉。第二，柯林頓忽視商界以及政府經濟部門的支持。第三，懲罰措施太過嚴苛，如果中國不讓步，中國將失去所有最惠國待遇帶來的好處，這結果既對中國是一大傷害，對美國商界而言也同樣是一大傷害。第四，發布這道行政命令前，柯林頓要給中國最後通牒，在發出最後通牒前，柯林頓也必須確定他有執行的決心。柯林頓有責任必須事先決定好，他能夠實現他的威脅，切斷中國的優惠條件。如果沒辦法，他就不應該發行政命令。在一九九三年五月，柯林頓似乎尚未面臨到這個問題，過了不久就遭遇到困境。在利益的驅動下，美國企業在中國的投資不斷擴大。在一九九三年初，美國駐中國大使芮效儉（J. Stapleton Roy）注意到美國企業正湧入中國。[52]他在兩年前來北京時，還尚未見到如此多的投資。到了一九九三年，領先的美國公司紛紛來到中國渴望開展業務，該年是美國及世界各國對中國投資的高峰年，中國與外國公司簽訂八萬三千四百三十七項新合約，總價值達到一千一百一十億美元，其中超過六千七百項合約來自美國公司。除了中國，世界上沒有任何其它國家能吸引如此規模的資本。[53]

新投資的急遽成長始於一九九二年，並持續數十年。本書後面將會更加詳細描述，在一九九二年初，鄧小平南巡講話後，推動中國開放，吸引大量外國投資，這樣做是為了將有影響力的西方人士與中國的成長捆綁在一起，從而讓西方國家政府支持中共。中國的經濟成長幅度著實驚人，從一九九〇年的不到四％，到一九九二年的超過一二％，再到一九九三年的接近一四%。54

在兩年內，中國已經成為世界上成長最快的經濟體，各國企業尋求利用鄧小平創造的環境，在有如狄更生小說的低工資環境下生產產品，而中國政府則保證不會發生罷工或其它形式的工潮。到一九九二年，日本企業爭相在中國投資，惟恐落於競爭對手韓國之後。正如那句西方諺語「魔鬼專抓落後者」（devil take the hindmost）所形容的，美國與西方國家的企業也抱持爭先恐後的態度，紛紛赴中國投資、貿易，以爭取與日本競爭的優勢。

中國的經濟成長深深影響柯林頓關於最惠國待遇的政策。到一九九三年，中國比三年前更有能力抵抗美國制裁的威脅。在美國企業和柯林頓政府經濟派的壓力下，維持開放對中貿易的要求變得更加強烈而且成功。這一點至關重要，更加決定中國崛起成為今日威脅的能力。柯林頓在天安門廣場大屠殺後對人權的強硬立場，或許在當時還能奏效，因為那時中國經濟脆弱，美國企業對中國的興趣處於低谷。但是以往的強權政治需求是與中國合作對抗蘇聯。

要是冷戰結束得更早，或許美國原本能夠對中共施加相當大的壓力。或者，如果柯林頓願意將戰略利益置於金融和經濟利益之上的話，但這已經變得極度困難了，尤其當他意識到民主黨候選人以及他自己的競選連任，能從中獲取政治利益時。美國的國安圈已經內化了福山的「歷史終結論」，也就是強權之間的衝突，就像古時候歐洲的紳士為了面子問題而決鬥一樣，早已成為歷史陳跡。如果美國企業和投資者不去從鄧小平的改革開放中獲利，那麼就換成讓日本、韓國與歐洲企業去獲利。

在一九九三年八月，柯林頓政府的政策面臨緊張局面，當時美國政府因中國向巴基斯坦出售東風十一型（M-11）彈道飛彈零件，表示將對中國實施制裁。[55]壓力來自加州國會代表團、休斯飛機公司、馬丁・馬瑞塔公司（Martin Marietta）（這兩家公司有讓中國發射通訊衛星的合約），因為制裁行動也將使它們受損。柯林頓政府最後還是撤銷制裁。在中國領導層看來，這場爭議顯示出柯林頓政府比其前任更容易受到商業壓力的影響，並且不願意堅持自己的政策。

在一九九四年，美國政府開始換了一套說詞，商務部長羅納德・布朗（Ron Brown）提出新的觀點。他主張促進人權的最佳方式是鼓勵市場改革和貿易。[56]更令人震驚的是，布朗竟提出對中國無條件最惠國待遇，並將其視為「經濟安全」的問題，並且對美國國家安全至關重要。（在中國已成為威脅的今日看來，就更令人震驚了。）結果美國與中國達成永久正常貿易關係（Permanent Normal Trade Relations，簡稱PNTR），亦即對中國的無條件最惠國待遇。[57]這一轉折點，確保北京獲得經濟高速發展所需的「火箭燃料」。

在柯林頓政府內部，國家安全顧問安東尼．雷克（Anthony Lake）與他的副手山迪．柏格（Sandy Berger）以及政府的經濟派之間存在明顯的緊張關係。雷克是政府高層中最強烈支持推動對中國人權政策的官員之一，而經濟派則持不同立場，包括柏格、商務部長布朗、總統經濟政策顧問暨國家經濟委員會主任羅伯特．魯賓（Robert Rubin）、財政部長勞合．班森（Lloyd Bentsen）。[58]在一九九五年，魯賓接替班森成為財政部長。

美國要對中國施壓或與中國合作的辯論，並非從柯林頓政府開始，但在柯林頓總統任期內，這一辯論最終是支持合作的一派獲勝。親中派的觀點一直持續，直到川普總統才開始稍微改變美國政府的這一傾向，而且改變尚未取得完全成功。

在一九九四年五月，柯林頓宣布「現在該是走一條新路的時候了」[59]，結果中國獲得兩項勝利。首先，美國政府同意在一九九四年及往後，不附加任何條件延續對中國的最惠國待遇。其次，美國政府放棄對中國施加制裁，儘管中國未達成柯林頓在一九九三至一九九四年設立的條件。中國一再聲稱，將最惠國待遇與人權掛勾對促進中國的人權發展無益，因為中國無法在美國壓力下進行改變。然而，在壓力被解除後，中國也並未改變。中國揭穿柯林頓的虛張聲勢。當商業利益受到威脅時，美國政府會放棄關於人權的威脅。

在一九九五年六月，台灣總統李登輝私人訪問康乃爾大學並發表演講，引發台海危機。在同年七月，中國人民解放軍舉行軍事演習，向東海發射飛彈。在柯林頓任期的前兩年半當中，美國政府不得不撤銷原本的對中政策。[60]第一項是撤銷最惠國待遇，第二項是美國政府原本並未支持李登輝赴康乃爾演講，後來仍讓李登輝成行。在一九九五年夏天，中國對台灣造成軍事威脅。台灣的首次總統直選日期為一九九六年三月二十三日，李登輝作為國民黨提名候選人，與民進黨提名候選人競選。一九九五年夏季中國的軍事行動意在懲罰李登輝和柯林頓政府。在一九九六年三月，解放軍在選舉前又進行更大規模的軍事演習和導彈發射，導致柯林頓先是派遣「獨立號」航空母艦，後來又派遣「尼米茲號」穿越台灣海峽。此外，美國宣布與日本達成一項新的防禦協定，擴大並加深華盛頓與東京的關係。

在柯林頓在一九九六年競選連任時，跟北京之間已不存在更多的麻煩問題。中國領導人可以看到，美國政府在之前的難題中已經受到了教訓。柯林頓並不打算像一九九三至一九九四年最惠國待遇政策，以及給李登輝總統簽證一事那樣繼續挑戰北京。中國並不是總統競選中的主要議題。在一九九六年秋季，柯林頓政府派遣新的美國貿易談判代表團，探討中國加入WTO的可能性。WTO成員身份非常重要，因為它將有助於促進中國的貿易，提升其國際地位，並成為柯林頓政府將中國納入國際組織、自由主義國際秩序這項政策的具體象徵。正如柯林頓在一九九七年所宣稱，中國「以往曾經站在歷史錯誤的一邊」，但中國的經濟成長將有助於「讓自由的精神與日俱增……我認為這是無可避免的趨勢，就如同柏林圍牆的倒塌一般。」[61]這清楚地表明親中派自一九七一年季辛吉首次訪中，並為尼克森的一九七二年訪中鋪路以來的想法與作為。

中國不願意按照美國政府的要求做出讓步，導致中國進入WTO的談判進度一直拖著，而鄧小平又於一九九七年二月十九日去世，享壽九十二歲，加上當時華府的政治氛圍也對中國不利，國會正在調查柯林頓競選募款的中國影響。儘管如此，中國仍然保持在通往WTO的軌道上前進。柯林頓在任期的最後一年成功使美國國會批准中國加入WTO。柯林頓不斷重覆多次表示，中國加入WTO「可能對中國的人權和政治自由產生深遠的影響」。[62]

隨著人權議題的逐漸淡出，國防產業的合作則獲得加速推進。在一九九六年二月，一枚中國的航天發射載具爆炸，摧毀所搭載一顆衛星，該衛星屬於羅拉爾太空通訊公司（Loral Space and Communications Corp.）。羅拉爾公司與休斯電子公司（Hughes Electronics Corp.）的專家協助中國政府調查故障原因，但這項行動並未經美國政府批准，因此有人擔心該衛星的一些技術可能遭到洩露。在一九九八年，羅拉爾公司再次與中國合作進行衛星發射，遭到美國司法部反對，理由是會妨礙一九九六年案件的起訴。[63]然而，柯林頓政府後來推翻司法部的主張。[64]在二〇〇二年，羅拉爾公司因違反《武器出口管制法》（Arms Export Control Act）繳了一千四百萬美元的罰款，休斯公司也在二〇〇二年繳了三千兩百萬美元。

上述這些問題並未沒有妨礙到江澤民於一九九七年十月訪問美國。就像以前某一場記者會上，柯林頓宣稱中國「站在歷史錯誤的一邊」，這也同樣沒妨礙到柯林頓總統於一九九八年六月訪問中國。然而，一九九九年北約誤炸了中國駐南斯拉夫貝爾格勒的大使館，此次事件大大緊縮中美關係，也在中國引發強烈的反美情緒，造成相當深遠的影響，從此以後中共得以一直大肆消費此次事件，利用該事件向中國人民宣傳，塑造「美國是威脅」的認知。

最值得一提的是，這是一個劃時代的關鍵改變時刻，強權政治的原則已被束之高閣，中國從此得以進入西方經濟體系。原本在冷戰時期，對美國而言強權政治的考量才是首要的，商業利益是次要的。然而，在柯林頓政府的領導下，商業利益變成主導美國對中國外交政策的驅動力。這一轉變，除了反映美國在實力對比上取得的優勢，也反映出美國政府在對中政策上已經選擇將貿易、商業、投資置於人權考量以及美國的基本戰略、國安利益之上。外國投資的空前激增，賦予中國更多的影響力。國會中的大多數議員也支持柯林頓的議程。

在柯林頓的第二次任期，國會的共和黨團就採取一項行動，田納西州的共和黨參議員佛瑞德・湯普森（Fred Thompson）主持的政府事務委員會在一九九七年調查中國在一九九六年美國總統選舉和國會選舉中的影響。結果調查到民主黨一位重量級的募款人黃建南（John Huang）為民主黨籌集約三百四十萬美元，在外國捐款受到審查後，被迫退還其中一半的金額。[65] 委員會還調查聯邦調查局對中國駐美大使館運作的非法競選資金紀錄，並於一九九八年三月發表的最終報告中得出結論，中國試圖直接影響一九九六年的總統選舉和國會選舉。

在眾議院，由加州的共和黨克里斯多福．考克斯（Christopher Cox）主席主持的「美國國安與軍事、商業涉中事項特別委員會」，俗稱「考克斯委員會」，調查中國在一九八〇、九〇年代獲取的技術。一九九九年五月該委員會在《考克斯報告》中發表調查結果及建議。報告揭露，中國竊取美國七種核武器的設計相關資訊，使得中國迅速改進彈頭以及「多目標重返大氣層載具」（MIRV）的設計，獲得現代化核武的設計，大幅提升核武的可靠性。竊取美國的核武機密，幫中國省掉研究、設計、開發、測試以及延伸導彈射程的龐大成本。考克斯委員會指出，數十年來，中國國家安全部一直將首要目標放在美國的國家級實驗室，尤其是洛斯．阿拉莫斯（Los Alamos）與勞倫斯．利弗莫（Lawrence Livermore）這兩個單位的武器設計，以及桑迪亞（Sandia）的核武工程。遺憾的是，報告還指出，美國國家級實驗室仍存在重大安全問題。報告提出一些很好的建議，例如成立國家核能安全局，然而這些建議並沒有全部被落實。66

如此一來，原本旨在對抗蘇聯的中美合作關係，便在冷戰結束後依然得以延續，甚至包含軍事領域。在冷戰時期，美國向中國商品開放市場，鼓勵美國企業在中國投資，並授予中國最惠國待遇，用意在於強化中國作為對抗蘇聯的盟友，並幫助中國成為一個更繁榮和強大的國家。到了一九九〇年代初期，美國企業開始變得更渴望在中國拓展商機，柯林頓政府為此大開方便之門，基本上消除各方面障礙，包括人權、西藏、政權更替的需求與民主政治改革等問題，使資金得以順利流入中國，又從中國流入美國及其它西方國家具有政治影響力者的金庫。

後來的小布希政府，也同樣擁有類似的動機。在一九九九年十一月的競選活動中，小布希說：「與中國貿易不光只是跟金錢相關，還與道德相關……有經濟自由就會產生自由的生活習慣，而自由的生活習慣就會產生民主的期望……讓我們與中國自由貿易吧，時間是站在我們美國這一邊的。」[67]

小布希剛上任不久，在二〇〇一年四月一日，發生 EP-3E 撞機事件，中國空軍一架戰鬥機與美國一架無武裝的 EP-3E 螺旋槳式偵察機在南海空中相撞，這場危機，更加令美國國防部長唐納・倫斯斐（Donald Rumsfeld）深深關切中國軍隊在傳統性以及非傳統性武力方面的成長。[68]然而，在九一一事件之後，美國的外交政策被阿富汗戰爭所主導，美國需要在聯合國安理會上爭取中國的默許（就算不投同意票，至少棄權而不投反對票）。小布希政府需要與中國保持一個平穩的合作關係。在伊拉克問題上，總統小布希支持副總統理錢尼（Richard Cheney）與國防部副部長保羅．伍夫維茲（Paul Wolfowitz）等鷹派。而在對中國這一方面，小布希則支持鴿派，也就是接觸派，主張與中國進行接觸的這一派，因此，美國仍繼續保持不變地支持中國經濟、軍事成長，並且支持中共政權，似乎勢不可擋，什麼都阻止不了美國對中國的貿易和投資。

小布希政府對中國的願景，可以從副國務卿羅伯特．佐利克（Robert Zoellick）在二〇〇五年的一段講話中看出，這段講話，足以跟二戰前英國首相張伯倫的講話相提並論，都是在災難來臨前一廂情願表達希望。佐利克說出一句名言，表示希望北京成為全球政治中「負責任的利害關係者」（responsible stakeholder）。他表示：「中國的行動缺乏透明度，可能會造成風險。」[69]此外，「對中國如何使用武力的不確定性，將導致美國……在與中國的關係上不得不採取避險策略」。當然，美國政府希望北京終究是良性的，「但沒有人敢把自己的未來賭在這上面」。因此，如果中國希望改善美中關係，就必須「公開解釋中國的國防支出、軍事意圖、軍事指導原則與軍事演習」。佐利克指出，單單只是「和平崛起」的概念，並不足以消除美國的不信任感。

美國國防部在二〇〇六年，四年一度的國防總覽報告（QDR）上，描述類似的立場：「外界對於中國的動機以及決策，所知甚少……美國鼓勵中國採取行動，使中國的軍事意圖與計畫更加透明。」70

可想而知，儘管佐利克呼籲希望中國成為「負責任的利害關係者」，但無論是他的講話還是〈四年度國防綜覽報告〉，都對中國都無法造成絲毫影響。中國依然持續擴張主義行徑，根據中國的國家議程，要使中國恢復成為強權國家，才符合歷史上中國該有的地位。

舉世震驚的九一一恐怖襲擊事件，以及隨後美國攻打伊拉克的部署，消除一切試圖應對中國威脅的努力。這些事件占去美國國安圈的絕大部分的時間與精力，直到歐巴馬政府時期。由於種種原因，九一一事件的影響深遠，對美國的社會與政治都造成巨大衝擊。然而，其中有一項重大的國際成本是，它給予中國擴張的時間，在美國未能做出有效回應的情況下。「時間」是全球政治中最珍貴的禮物，而美國將這份禮物送給中國。

九一一事件的影響

九一一事件對美國的恐怖襲擊，也形成對中國的一大助力，這實在是一場悲劇。71基地組織（Al Qaeda）執行前所未有的恐怖攻擊，於是美國出兵干預阿富汗，結果重蹈前蘇聯深陷戰爭泥淖的覆轍，導致一場軍事失敗。但是基地組織也做出嚴重誤判，美國的干預雖然結果並不理想，卻也並沒有如蘇聯般陷得那麼深，並不如恐怖分子的預期。

然而，九一一事件以及伊拉克戰爭對中國而言，簡直有如天上掉餡餅般，帶來一場意外勝利。因為這場恐怖襲擊導致美國分心，把戰略核心放到中東地區那邊，以致未能因應中國的擴張。於是中國從中撿到很大的便宜，中國因此得以專心致志，順利發展，一路暢通無阻提升到強權的地位，而且成長過程當中還獲得美國許多商業夥伴的幫助，結果目前中國已經成為美國的主要競爭對手，以及美國利益的主要威脅。

中國的戰略舉動，是精心謀劃，早有預謀的。在九一一事件發生的五小時之內，江澤民就打電話給小布希總統說中國願意支持並合作對抗恐怖主義，於是中美就開始合作反恐。日後，江澤民被譽為老謀深算的高手，成功利用九一一事件來轉移美國遏制中國的意圖，改善中國的國際環境，使中國獲得一片大好的歷史戰略機遇。二十年的期間得以厚植國力，並且還假借反恐戰爭的名義來鎮壓維吾爾人以及其它伊斯蘭教少數民族。72

自從九一一事件後，美國在阿富汗的戰爭中投入大量的軍事和經濟資源，之後又在伊拉克和利比亞（在「阿拉伯之春」之後），以及最近在敘利亞和葉門的行動中也投入大量資源。華府希望能在美國政府的指導原則下贏得這場戰爭，但當美國忙著做這些事的時候，國際政治當然不會停止。這可不是橄欖球比賽，強權博弈是不會讓美國有時間喊「暫停」的。強權實力的相對變化，不斷瞬息萬變，一刻也不停歇，其中最顯著的變化，就是中國在實力、能力、影響力、戰略企圖等全方面的成長。

正如同一九九〇年代那樣，華府仍舊將優先順序放在中東地區的戰爭，而不是同等級競爭對手的威脅。中國或許是個遠在天邊的威脅，而且北京當局似乎不懷好意，在EP-3E撞機事件中的挑釁行為也令人擔憂，但當時中國並不具備與美國同等級的國家力量，大多美國人都懷疑中國能算得上是堪與美國匹敵的對手。九一一事件造成的一個重大後果，就是美國原本還有可能以較低的成本與更有效的方式遏止北京的崛起、擴張（尤其是在南海地區）時，卻沒有這麼做。

美國的短視近利，在國際政治上為中國提供一個難得的機會，從相對較弱的強權地位，變成與美國同等的對手，並未遭到有效的抵抗或制衡。華府在戰略上的貶值，使得中國得以改變現狀，並損害美國及盟國（例如日本）在東海、南海的利益。美國似乎並未注意到，中國的經濟已經增長到足以建立國際經濟組織或架構，例如亞洲基礎設施投資銀行（AIIB，簡稱亞投行）與一帶一路倡議（BRI），為新的經濟秩序奠定基礎[73]，也使北京足以在非洲、中亞、南亞、大洋洲、中東、歐洲、拉丁美洲進一步擴大影響力。在軍事領域，中國也增強傳統以及戰略軍事能力，包括網絡空間、太空領域，並發展高超音速武器。同樣重要的是，中國實現軍隊的專業化，現在正在為與美國及盟國進行聯合作戰做準備。

最具劃時代性意義的是，就在美國無所作為，中國大肆擴張的時期，習近平領導的統治核心形成了，並拋棄原本鄧小平倡導較為謹慎的國際政治路線。隨著習近平的崛起，美國面臨一個以中國支配為大戰略的中國領導。習近平是一個大膽果斷，決心要挑戰美國的領導者，而且已正在雷厲風行地這麼做。

我們不妨假想一下，如果九一一事件、伊拉克戰爭不曾發生，如果二〇〇一年四月海南島附近的 EP-3E 撞機事件引起美國足夠的反應，美國本來是可以聯合盟友遏止中國在東海和南海的領土擴張。美國和國際社會或許可以讓北京明白，中國無法以惡霸手段遂行其目的，領土爭議必須通過外交手段來解決。

毫無疑問地，中國在九一一事件及其餘波，美國入侵伊拉克當中，獲得戰略上的利益。就在美國把注意力以及主要戰略目標放在其它地方時，中國大刀闊斧地行動並且鞏固其高速成長。伊拉克戰爭在各方面都讓美國付出了重大代價，約有四千四百人陣亡、三萬二千人受傷，還有許多人因戰場創傷症候群（PTSD）導致自殺、離婚、染上毒癮，人生遭到毀滅，金錢損失以及機會成本損失估計高達三點五兆美元。以上統計還不包括伊拉克人以及其它美國盟友、合作對象的傷亡數字。當然，這些成本主要由勞工階層與中產階級的美國人來承擔，而並不是平等分攤。伊拉克戰爭的遺緒影響久遠，至今仍然存在於軍事行動相關的研發、採購中，情報圈與軍事單位將焦點放在伊拉克戰爭以及占領後的平息叛亂任務，忽視強權競爭和高強度戰爭的更高需求，給予中國一個可以大肆利用的機會窗口。

因此，九一一事件與伊拉克戰爭給予中國充裕的時間，使中國得以擴張其實力，發展、訓練其軍事力量，並且削弱美國在全球政治中的地位，進一步擴大中國在國際政治的影響力。如今，中國已是美國最強大的同等級競爭對手。中國是否能擊敗美國，是二十一世紀的戰略性關鍵問題，這一點是美國老早就應該察覺，並且回應這一挑戰的，也就是擊敗中共。

歐巴馬政府繼承小布希政府的政策。歐巴馬在二〇〇九年三月五日至十二日面臨首次考驗，中國在南海對美國海軍的海洋監測戰略輔助船「無瑕號」（Impeccable, TAGOS-23）進行騷擾。這一事件比二〇〇一年至二〇〇三年中國人民解放軍及中國漁船在黃海對水文偵測船「鮑迪奇號」（Bowditch）的騷擾更具挑釁性。北京擔心在歐巴馬二〇〇九年開羅演講後，會出現另一場「顏色革命」。歐巴馬在開羅大學的演講中提到「美國會支持那些受到壓迫的穆斯林」，這雖然不太可能是針對中國在新疆的壓迫，但在北京看來卻是一種攻擊。[74]其次，歐巴馬總統提到「各國政府應該反映人民的意願」。[75]中共解讀為這是在支持一場針對他們的顏色革命。開羅演講後，中國加速發展軍事能力。

在二〇一一年十一月，歐巴馬總統在澳洲國會的演講中宣告美國將戰略重點「轉向」至亞洲，隨後此項政策被重新命名為「重新平衡太平洋」。演講中，歐巴馬回顧美國歷來對亞太地區的重大承諾，並承諾美國政府將加強對該地區的關注。[76]

在該演講後，中國再次測試美國的決心，於二〇一二年四月至六月在菲律賓的黃岩礁爆發衝突事件。在同年四月，中國商船被發現在黃岩礁（位於馬尼拉以北僅一百四十海浬，在菲律賓的專屬經濟區之內）移除礁石，隨後中國海警與海軍派遣了近十艘船艦，引發一場對峙，迫使菲律賓海岸警衛隊和漁民遠離他們祖傳的漁場。[77]

親中派的思想再次導致美國一場失敗，美國國務院當時負責東亞與太平洋事務的助理國務卿庫爾特・坎貝爾（Kurt Campbell）表面上主導協商，達成中國海軍與菲律賓海軍撤離黃岩礁的協議，實質上卻助長中國對黃岩礁的占領。談判進行期間，菲律賓總統親自前往美國尋求歐巴馬總統的支持，卻未得到美國具體表態支持，也未獲得任何實際支援。北京將此解讀為歐巴馬對此事不感興趣以及態度軟弱的信號。[78]

中國違背協議的行為，證明這個計畫是有缺陷的。中國拒絕在二〇一二年六月約定的日期將船艦撤離，此次惡例一開，全世界都看到接下來的後果，中國又試圖將菲律賓從仁愛礁驅逐。菲律賓在該處島礁有一艘馬德雷山號登陸艦（BRP Sierra Madre），原本是前美國海軍的LST登陸艦，自一九九九年以來一直擱淺。二〇二三年八月五日，中國海警對兩艘菲律賓補給船發射水炮，阻止菲律賓執行補給任務[79]，這個行為直接違反二〇〇二年十一月東協（ＡＳＥＡＮ）與中國簽署的《南海各方行為宣言》。

後來在二〇二三年，北京再次測試拜登政府的決心，試試看美國是否會支持與美國簽有共同防禦條約的盟友菲律賓。[80]對美國的國家安全而言，若失去南中國海，不只意味著將失去台灣，也會失去像菲律賓這樣的重要盟友、失去像越南這樣的合作夥伴，還會失去更關鍵的盟友日本，日本依賴著通過南海的海運路線。

黃岩礁事件，對中國的擴張主義策略而言是一道分水嶺，在這場戰略與領導力的測驗中，歐巴馬政府不及格。中國的海軍在這座原本屬於菲律賓領土的島礁上成為獨霸。中國海軍不費一槍一炮，就奪取美國條約盟友的主權所有地，這種事情前所未有。黃岩礁事件衍生的影響，不僅限於南海水域。舉例來說，有件事值得注意，當時中共負責策劃奪取黃岩礁的海洋事務領導小組領導是誰？是一位名叫習近平的男人，當時在西方，他的名字尚未為人所熟知。當時，他已被選為中共的下一任總書記。接著次年，他成為中國的獨裁者。

北京很快瞭解到，中國可以在南海繼續擴張，不會遇到來自歐巴馬政府的危險。二〇一二年黃岩礁事件後不久，在二〇一三年初，全世界開始目睹中國在南沙群島（Spratly Islands）建造七座人造島嶼。[81]其中三座有著一萬英呎長的跑道，可讓中國空軍的偵察機、戰鬥機與轟炸機起降，還有足夠的碼頭空間可供航空母艦或大型兩棲登陸艦使用。儘管習近平在二〇一四年時向歐巴馬保證，中國不會將這些島嶼軍事化，但今天這些島嶼已全是軍事基地，其中三座的尺寸與容納量相當於珍珠港。

美國與中國的互動來往導致一場大失敗，對亞洲的權力平衡產生巨大衝擊。中國人民解放軍現在南海已經擁有七座軍事基地，距離中國大陸逾六百海浬，確保中國可以有效地控制他們所聲稱的主權。目前，部署在南海的中國軍艦、潛艇、航母，與美軍的軍力比，保守估計至少是十比一。

除此之外，北京根據所謂的「九段線」主張對南海擁有主權，而菲律賓提出異議，國際常設仲裁法庭（ＰＣＡ）於二〇一六年針對中菲爭議做出裁決，歐巴馬政府卻並未積極支持該裁決。這除了鼓勵習近平整個十年期間在海洋上擴張主權，還帶來負面後果，使得當時的菲律賓總統杜特蒂在二〇一六年上任後有倒向中國的理由，直到菲律賓總統小馬可仕才又開始進行調整。在戰略影響上，北京再次獲得時間來實現控制南海的目標。

在南沙群島與黃岩礁爭端中，致使美國的國安利益完全沒能保住，這是歐巴馬政府實際上執行的政策，「不要挑釁中國」所造成的後果。根據一位前高級海軍軍官的說法：「歐巴馬的政策非常明確，那就是不想做任何挑釁中國的事……這是個不成文的政策。」[82]二〇一二年未能對黃岩礁事件做出有效的回應，二〇一三年至二〇一五年間中國在南沙群島建立基地，以及未能在二〇一六年以言辭與行動加強對菲律賓的支持，都是在歐巴馬政府「不挑釁北京」的不成文政策之下做出的災難性選擇。同樣重要的是，未能支持條約盟友，在菲律賓以及整個印太地區都嚴重損害美國的信譽。

直到川普上任後，才開始出現有效的抵抗。在二〇二〇年七月，國務卿龐培歐在尼克森圖書館（Nixon Library）的演說中明確地否定接觸中國的政策。[83]他提出幾個美國政府不曾公開問過的問題（雖然有部分類似的問題曾經在冷戰時期，尤其是雷根時期熱烈辯論過）。第一，在與中國互動五十年後，現在美國人民拿得出什麼成果可以展示的？第二，美國的前領導者曾提出「中國會朝向自由與民主演變」的理論，這些理論是否已被證明正確？第三，現在這就是中國所定義的雙贏局面嗎？第四，美國有變得更安全嗎？第五，我們為自己以及下一個世代爭取和平的可能性有變得更大嗎？

龐培歐敢發前人未發之言，回答這些問題：「我們必須承認一個很難面對的事實，才有辦法指引我們未來的十年。如果我們希望擁有一個自由的二十一世紀，而不是習近平所夢想的中國世紀，那麼與中國盲目互動的舊有模式，顯然是行不通的。我們不能再繼續這麼做了，往後也不能重回這條路線。」[84]

這場演說加上二〇一八年首次發布的「美國國家安全戰略」（NSS）等重要國安文件，首次將中國確定為對美國國家安全的最大威脅。對於美國人民而言，中國引發的新冠疫情，也加速對中國威脅的認識。[85]川普政府的一些政策有被拜登總統延續，但是有更多的政策卻被逆轉。最重要的是，拜登政府的調性與施政重點，標示著舊有體制的回歸，美國又重新回到親中派的思維方式來定義美中關係應該如何發展。[86]

鄧小平的政治作戰策略「威脅貶值」

鄧小平是運用「威脅貶值」謀略的大師。鄧小平透過這項謀略，將中國的機會最大化。第一，他國沒有產生遏阻中國崛起的聯盟。第二，消除美國所有想替換中共政權的想法。這是活生生展現在我們眼前的卓越政治手腕，因此在史上戰略家的群英榜中，若拿鄧小平與俾斯麥相比，實在是毫不遜色。兩人都是優越的「威脅貶值」操作者，完成極為艱鉅的任務，迅速擴展自己國家的實力，而不引發他國針對性的制衡聯盟來對抗他們的崛起。德國直到二十世紀的前十年，才開始遭受到制衡，而這只是由於威廉二世的犯下致命的戰略失誤。中國的崛起大約可追溯到一九九二年，但仍尚未遭遇到充分足夠的制衡。

天安門大屠殺後，鄧小平察覺到中共政權的脆弱性。他立即把重點放在經濟改革與發展，同時繼續鎮壓異議人士，並消除西方影響。透過這些手段，鄧小平能夠將西方對天安門事件的反應降到最低，並防止西方圖謀推翻中共，推動中國的民主事業。鄧小平以狡猾的政治手腕，採取果斷迅速的動作，使中共繼續保持執政地位，並為中國的強大發展奠定基礎，乃至如今中國成為與美國對抗的競爭者。在一九八九年時，美國的外交政策專家實在還無法想像中國將會成為與美國同等級的強權，這顯示出鄧小平的戰略天才，天安門事件發生後立即進行鎮壓，而不久後，卻又很快成功地與美國華爾街、企業界的利益互相結合，使他們成為自己的盟友。

鄧小平為我們上了一堂現實主義政治（Realpolitik）的頂尖專業課程。當時的中國較為弱小，面臨的戰略處境是岌岌可危。隨著冷戰結束、蘇聯的解體，再加上天安門廣場事件的發生、民主化改革的壓力、美國施加的政治壓力，中國變得更加脆弱。北京需要爭取有利的條件來促進經濟發展。因此，對抗性的策略並不是好的選項。當時的中國尚未成為強權，因此在鄧小平為往後挑戰美國奠定基礎的同時，必須先避免成為被美國鎖定的目標。[87]這種「威脅貶值」的策略，使得美國未能辨識出中國是當今最具競爭性的威脅。

在與中共領導階層的一系列談話中，鄧小平指導他們：「沉著穩定，搞好我們自己國內的事務，不要強出頭。」在一九九二年四月，鄧小平與工作小組討論中國發展的議題以及政治作戰策略時，首度用了現在已廣為人知的詞語：「**韜光養晦**」。③本書作者按照這個翻譯來理解鄧論。鄧小平希望中共保持低調，隱藏真正的意圖，正如他所說的：「我們必須再韜光養晦一些年，唯有如此我們才能成為一個真正的強權，唯有成為強權後，中國在國際社會上的發聲才有不同的分量。」鄧小平的這段講話後來被總結為「二十八字戰略」，成為中國對外關係的指導原則：「**冷靜觀察**、**穩住陣腳**、**沉著應付**、**韜光養晦**、**善**

③譯註：「韜光養晦」翻譯成英文為「hide our capabilities and bide our time」，即「隱藏實力、等待良好時機」。

於守拙、決不當頭、有所作為」。

中共在毛澤東之後、習近平之前的這段期間，可視為「戰略機遇期」，而中國的這個「戰略機遇」恰恰是由美國所提供的。中國一方面避免在周邊區域陷入軍事糾葛，尤其是避免與美國衝突，同時中國也如飢似渴地在政治與經濟上尋找機會，希望能夠在不受到嚴重阻撓的情況下增強綜合國力與國際競爭力，而成為一個崛起的強權[88]。

鄧小平瞭解到中共若無法滲透西方經濟體系，將面臨重大危險。經濟成長可以加強中共的實力、獲得擊敗美國所需的技術和知識、減弱民眾對中共統治的反抗，並有利於中共宣稱統治的合法性。中國成功實現這一點，方法是利用西方企業在中國市場發展的前景及潛力作為交換，換取到西方的知識、財富、投資、科技、生產流程等轉移至中國。[89]

鄧小平的政治作戰策略取得很大的成功，而且繼任者也繼續維持下去。在一次國際會議的例行性講話中，胡錦濤表示：「中國將堅定不移地走和平發展的道路。」[90]中國官方不斷一再重申，中國崛起的過程是「和平崛起」，那麼崛起之後呢？中國霸權，或者換句話說，中國主導世界？這點總是刻意保持模糊。重要的是，正如本書前面所論述的，中國並非單獨靠自己實現這一巨大的成長，確實是西方讓這一切成為可能的。中國崛起之所以能夠實現，是因為美國允許它進入全球自由貿易體系。中國正是因為在一個世代之前進入西方的經濟體系，才得以繁榮。幾十年來，中國一直利用這個經濟體系迅速成長。

三十多年來，中國透過各種合法與非法的手段，從美國獲得如天文數字般的四點四兆美元。[91] 此外，中國的盜竊行為還使美國每年損失兩千億至六千億美元，並且失去數百萬個高薪的製造業工作機會。

中國之所以能夠取得經濟成功，在很大程度上是利用中國和美國的勞工階層。中國勞工階層一直在為中共政權的野心付出高昂的代價，工資遭到人為壓低，勞動條件堪比十九世紀英國或歐洲的最糟情況。工人一離開工廠，便馬上面臨中國城市的慢性空氣汙染、水污染等各種對健康的威脅。中國進入西方經濟體系還產生一個後果，就是削弱西方的製造業實力，並使西方對中國產品產生依賴。

美國在自己的幫助下造就出自己最強大的敵人，讓中國得以連結到人才、市場、資本、科技以及高等教育體系。這使得中國得以建造出自己的經濟體量，接下來又得以建造越來越強大的軍事力量，能夠投射到全球範圍。如前所述，在天安門屠殺事件，以及更重要的蘇聯解體當時，中國的領導核心原本已受到動搖。中共害怕自己會成為下一個蘇聯，而美國政策開始在一九九〇年代初期開始轉向，在第一次伊拉克戰爭的這一波，中共懷疑自己是否已成為美國的目標。經濟學者史都華．派特森（Stewart Paterson）在其分析中國經濟成長的著作中提到：「蘇聯的瓦解，實地展現經濟上的失敗會如何潛在造成政治上的代價……中國很敏銳地從蘇聯的失敗中學到重要的教訓。」[92]

這些教訓當中最重要的就是：「若將自身孤立於西方社會的科技進展之外，幾乎保證必將在世界秩序上成為落伍者。」中國亟需取得先進的方法與技術，而這些只能透過以規則為基礎的貿易體系從國外取得，也就說中國必須得加入ＷＴＯ。[93]如果不成為ＷＴＯ會員，將大大阻礙技術轉移與外國直接投資（ＦＤＩ），如此一來，中國就無法取得在世界上應有的地位（按照中國領導人的說法），也無法使中國有能力提升龐大人口的生活水準。[94]

即使在中國二〇〇一年加入ＷＴＯ之前，中國就已經開始優先發展以出口為導向的經濟、國有企業改革與外國直接投資，為一九九〇年代開始的經濟奇蹟奠定基礎。據派特森的論述，外國直接投資透過跨國公司流入中國，產生骨牌式的連鎖效應，成為中國生產力提升以及經濟成長的主要驅動力。[95]

原本美國大力支持並促成中國的經濟成長以及加入WTO，是期望這件事對美國經濟也同樣有利，同時也認為，中國融入西方經濟體系將會迫使中國實現民主化，這種想法乃是一個天大的錯誤，建立在西方政治領袖的自大與無知之上，從一九九〇年代開始，一直到川普總統上台為止。

引用黑格爾式的歷史觀，來預測中國處於「歷史錯誤」的一方，這個謬誤成為一項慘痛的教訓。在現實當中，黑格爾的哲學觀點並不會必然導向福山以及接觸派所偏好的歷史結果。中國的經濟成長不但沒有導致民主化實現，反倒提供動力推動中共的「偉大復興」議程，該議程已變得越來越具侵略性，並且具有全球野心。經濟繁榮為中國有缺陷的政治體制賦予合法性，足以使習近平這樣的獨裁者得以維持統治。

美國與歐盟在支持對中國的投資、貿易以及中國加入WTO時，並未將這些「胡蘿蔔」與要求政治改革、尊重人權的「大棒」結合起來，促使中國改變體制的希望也就隨之破滅了。[96]如前文提到過的曼恩（Mann）所說：「在一九九四年，柯林頓總統放棄利用貿易作為改善中國人權的槓桿，之後柯林頓政府需要轉移人們的注意力，不再關注這個尷尬的轉變。」柯林頓政府不願意承認自己「把人權問題降級了」，而只強調中國融入西方政治原則和規範。[97]曼恩指出，其後果是：「融入與中國漫無限制地進行貿易的正當化理由」，並且帶出一個問題：「到底是誰在融入誰？」現在西方再也無法帶著自信回答這個問題了。[98]

事實上，西方從未堅持要求中國應採行資本帳戶可兌換性（CAC）以及浮動匯率等制度。欠缺這些制度造成的後果就是，中共得以運用金融調整的手段來操控經濟。結果中國的新重商主義（neo-mercantilist）經濟模式得以生存下來，西方過度信任中國願意遵守規則並改革政治體制，而在要求中國確實遵守規則這方面，卻幾乎什麼也沒做。[99]在這樣的選擇之下，世界承受了後果，放棄要求中國進行改革。

總體而言，回顧歷任美國政府的作為，很顯然直到川普政府開始行動，才結束數十年來「威脅貶值」的局面。在川普執政之下，中國被視為一個與美國同等級的威脅，川普制定出勝利戰略，要補強美國的弱點，將中國已撈到的好處奪回，並進一步擴展更廣泛的戰略來應對中國，雖然這些目標尚未完全實現。

拜登政府偶爾會以言辭表達出某種程度上與中國對抗的態度，但基本上仍然推動新一輪的接觸政策（儘管表現得並不明顯露骨）。拜登在美國國務院設立一個俗稱「中國屋」

（China House）的中國事務辦公室（Office of China Coordination），可能算是在應對中國威脅上踏出積極的一步。該單位的職責是提供有關中國威脅的情報，並協調加速政府對威脅的反應。中情局曾在更早時設立「中國任務中心」（China Mission Center），來協助情報圈調度資源、資金和人力，藉此反擊北京在外交、科技和軍事力量等領域的擴張。

美國老早就應該採取這些行動了。總體而言，戰略思維的火花尚未在華盛頓熄滅殆盡，但令人遺憾的是，這個火花中間一度熄滅了好幾十年。華爾街、矽谷與美國政在一種災難性的錯誤理念下，支持中國的經濟成長，誤以為一個更富裕、更繁榮的中國將會變得更民主、更和平，並成為自由國際秩序中「負責任的利害關係人」。對於中共的行為，親中派具有這些徹底謬誤、愚蠢天真、具有誤導性的假設，與理解中共的動機和戰略目標、美國利益的戰略性概念，以及確保美國作為主導世界的軍事強權，實力對比的重要性等等，皆完全脫節，實在可悲可嘆。

以上種種所造成的後果，就是中國變得更加富有，而新的財富有相當一部分用來增強中國的軍備、科技實力，以及外交影響力。此外，這個新的典範還造成美國經濟在各種商品都依賴中國製造，甚至包括藥品、個人防具，以及抗生素等。今天中國除了已經變得更加繁榮以外，也已變得更加好戰、更加有決心挑戰自由秩序以及美國在世界上的地位。儘管如此，在華爾街、矽谷、美國政府、智庫、媒體以及學術機構等處，依然充斥著許多親中派。就在不久前的川普第一任時期，美國出現對親中派反彈的風潮，聲浪轉向為呼籲對中國進行適度的技術脫鈎。與中國脫鉤的訴求，有些人（尤其是在歐盟）將它貼上一個標籤，稱其為「去風險化」，但這種說法其實是嚴重誤導。這股風潮發生在二〇二二年十月，當時拜登政府宣布對先進製程的半導體、晶片製造設備實施出口管制，旨在削弱中國在半導體以及人工智慧領域的發展。在二〇二二年十二月，拜登將三十六家中國企業列入「黑名單」，其中最著名的是長江存儲科技（YMTC），並且禁止美國公司向這些企業出口關鍵技術，而且還有二十一家中國公司被列為「外國直接產品規則」（foreign direct product rule）的受限對象，規定美國境外的公司也不得向名單上這些企業出口含有美國技術內容的產品。

關於對中國的高科技產品貿易輸出以及技術轉移，有人希望能評估出「合適的數量」是多少，這種想法有三個漏洞。第一點，光是想跟中共做生意的想法，就是對中共政權的惡性本質缺乏理解。中共是曾經屠殺上百萬中國人民的萬惡政府，持續違反人權，而且目前正在新疆對穆斯林進行種族滅絕，在新冠疫情上說謊而導致病毒擴散，殘酷地剝削人民並破壞環境。最重要的是，中共在二〇一九年正式宣布對美國發動「人民戰爭」，明確指出與美國為敵，並打算擊敗美國及其盟友[100]。只要理解到中共的本質，任何還關心人權的人就應該切斷與任何中共以及中共控制的企業、組織聯繫。既然中共與美國作戰，那麼美國不得不有所回應。現在輪到華爾街、矽谷以及美國的企業、組織、機構該決定的時候了！自己是要站在幫助美國的一方呢？還是要站在幫助中共的一方？這也回答了二十一世紀最根本的議題，這個世紀會是由自由的國際秩序來定義？還是由中共的壓迫來定義？第二點，要瞭解中國的威脅，需要在心態上做個轉變。我們必須以戰略家的角度來思考，而不是資本家的角度。自從蘇聯解體後，美國與同等強大的對手競爭時所需要的觀念、實踐方式、理解及訓練等（不光是擊敗競爭對手而已，還要防止潛在對手崛起），全部都被企業大亨以及跨國投資所取代了。

雖然基本的戰略原則已經很明顯了，不過要美國真正做到以下這一點，一定會是比較痛苦的一件事，就是不要資助你的敵人。一個可恥的事實是，西方的企業尋求在中國投資科技，將技術轉移給中國，並且讓中國企業在美國資本市場上募款，包括與已知或可能與中共、解放軍相關的企業，也包括直接或間接與新疆種族滅絕相關的企業。是否為與中共相關的企業，要按照定義才能決定，因為每個中國企業都必須要有中共的許可才能夠經營。

美國必須要具有強權實力對比的觀念。隨著進入中國的投資、科技以及知識一年比一年增多，美國就變得相對更弱，因為流入中國的財富比流入美國及盟友的財富更多。中共力量增強了，自由化或者中共倒台的希望也破滅了。任何與中國的高科技貿易都是在幫助北京政府掌控半導體以及AI的戰略制高點，這將削弱美國在軍事、經濟以及科技領域的領先程度，早晚美國將會失去龍頭的地位。與中國進行高科技貿易是極其愚蠢的行為，因為這會幫助中國增強其相對實力，付出代價的將會是美國，而且美國企業與中國企業合作，本身就存在許多風險。在二〇二〇年，美國國土安全部（DHS）發布一份給美國企業的特別建議文件，提醒與中國企業交易的風險，中國政府支持的數據竊盜風險持續增加，因為中國頒布一系列新法令，[101]至二〇二三年七月為止，這些法律包括中國二〇二三年更新《反間諜法》、二〇二一年的《網絡漏洞報告法》、二〇二一年的《個人信息保護法》、二〇二一年的《反外國制裁法》、二〇二一年的《數據安全法》、二〇一七年的《國家情報法》、二〇一七年的《網絡安全法》以及二〇一五年的《國家安全法》。[102] 這些法律強制中國的企業、公民，包括學術機構、研究與服務提供者、投資者支持中國政府實施對數據的蒐集、傳輸、儲存。總而言之，它們迫使中國實體允許中國情報機構進行間諜活動。

因此，與中國進行貿易的外國公司面臨著持續性的風險，在國家支持下的數據資訊竊取，這加速縮減外國競爭者在中國國內的市場占有率，還加速中國在關鍵技術領域市場打破美歐日的長期主導，而取得主導地位，包括航太、半導體、機器人、人工智慧、生物識別、網絡情報、基因組、製藥以及可持續性綠色能源、材料等各領域。

從戰略的角度出發，與中國進行高科技貿易，並沒有什麼「恰到好處」的合適數量。其實，最合適的數量就是零。正如拜登設立的單位「中國屋」以及貿易限制措施所展現的，美國的對中關係必須由戰略來主導，而不是由金錢來主導。在此認知之下，不僅限於高科技領域，美國需要結束任何能使中國對美國相對實力變強的商品或服務貿易。

第三章

給美國的指南方針

「我已注意到有一種太過頭的趨勢，或許可以把它稱為『下一場戰爭症候群』，美國國防部的建制（高層）非常傾向於關注未來衝突可能會有的需求。」

——美國前國防部長 羅伯特．蓋茲（Robert M. Gates）1

悔不當初，原本美國不需要面對一個像中國這麼強大的敵人。經歷這一場第二次冷戰，正是美國歷任領導者失敗到一塌糊塗的證明。這場新冷戰的巨大成本、風險與代價，將不光是由造成這個災難性局面的菁英們承擔，而是由美國人民與美國盟友共同承擔。

冷戰結束時，美國的實力曾經是無可匹敵的強大。而美國下一代戰略家們該做的事，就是努力保住前人所留下的成果，經濟、意識形態與軍事上的優越地位，以及在美國主導下，有利於美國的國際秩序。當時俄國衰弱、中國貧窮，軍事力量也僅堪對印度、越南等鄰國構成威脅而已。美國所擁有的眾多盟友，囊括世界上所有的經濟重心，包括歐盟、日本、韓國、沙烏地阿拉伯、阿拉伯海灣諸國等，這些國家都將他們的安全寄託於美國。美國及其盟友的安全形勢無懈可擊，當時可說是美國最安全的時候。要是美國的歷任領導者有按照戰略原則來規劃，就可避免中國崛起，中共也可能在自身內部壓力下導致分裂或者被推翻。美國獨強的單極時代，有可能得以維持半個世紀或者更長；中國人民有可能得以從中共的桎梏之下被解放出來；世界其它國家，有可能從中共剝削人民、破壞環境的局面中被解放出來。

美國上一個世代的戰略家，讓美國贏得第二次世界大戰與冷戰，他們在制度結構以及求勝的意志上，都提供正確的典範。例如戰略空軍司令部（ＳＡＣ）是威懾蘇聯侵略的強大工具之一，其作戰能力以及對機組人員的高標準要求，確保美國始終準備好對蘇聯發動攻擊，從而確保美國核威懾的可信度。美國陸軍雖然在韓戰、越戰以及建立志願兵役制時面臨過巨大的壓力，但成功解決問題，為北約、中東的主要盟友、夥伴以及日本、韓國提供傳統武力以及戰略武力，來威懾蘇聯、華沙公約國及北韓。美國海軍部長約翰．雷曼（John Lehman）推動海洋戰略（Maritime Strategy），部署美國海軍來威脅蘇聯側翼[2]。這對於北約以傳統性武力威懾華沙公約的侵略，具有很大的作用，並確保戰爭若爆發則只限於歐洲。海洋戰略還增強美國海軍剋制蘇聯核子彈道飛彈潛艇的威脅能力。蘇聯的這些潛艇，試圖利用北極冰層作為堡壘，來攻擊美國與盟國。

成功威懾住美國的敵人，是過去美國軍事成就的一段輝煌歷史。然而今非昔比，後冷戰時期的美國菁英們，非但沒有防止中國崛起，反倒還加以助長，堪稱歷史上獨一無二愚蠢的戰略案例。本章根據本書的論點，闡述主要的研究發現，提供美國國家安全決策者與美國人民參考。本書研究的九項重要提示，闡述「威脅貶值」的原因及其後果，為何美國在冷戰結束後的數十年間低估中國的威脅。這些提示分為三大類。第一類是關於強權政治與戰略原則。第二類是關於對美國情報圈（IC）與軍方的失敗分析。第三類則探討中國如何成功造成「威脅貶值」。

提到強權政治與戰略原則，首先我們要探討的是強權政治這個概念，對於標示美國國家安全威脅，在根本上的重要性，這些是資深公民以及軍事、國安的決策者在制定政策時所必須要理解的重點。唯有瞭解強權政治，才能在評估中美關係的未來，以及美國與其它強權的關係上，做出務實的假設。冷戰後，由於強權實力對比的變化一面倒向美國，使美國降低防備，美國的國安圈因為「威脅貶值」而失去抵抗能力，弱化評估其它強權威脅的能力，以至於在面臨中國崛起的新形勢時，變得非常難以調整適應。

其次，美國國安圈必須要支持戰略教育，如此年輕的一代才能夠具備對抗中國所需要的知識。有關強權政治原則的教育是必要的，戰略家才能夠具備智識上的武器，來分辨出要戰勝中國需要達成哪些目標。

第三，必須要瞭解共產主義的意識形態，才能夠明白為何中國企圖擊垮美國。中共的意識形態說明它有動機與美國作戰，直到擊敗美國為止，這一點並不會因為與中國接觸或者妥協而有所改善，而且中共永遠不會民主化。同樣，瞭解中共的意識形態，就能明白為何中共缺乏正當性，以及為何中共充滿許多弱點。

第四，冷戰結束後，美國缺乏英明的總統來領導，使得國安方面的決策者無法制定有效的策略來對抗中共的威脅。美國企業與華爾街等利益團體尋求與中國建立關係，讓利益主導一切。此外，九一一恐怖襲擊，以及後續衍生的伊拉克戰爭等等，也產生深遠的負面影響。假如美國前幾任有英明的總統，本書所指出各項問題，原本是早就可以迎刃而解。

接下來，我們要分析美國的情報以及軍事部門的執行成效。第一個問題是美國情報圈未能把中國列為現存的威脅，這嚴重削弱國安政策制定者偵測威脅、應對威脅的能力。如何看待中共行為，在基本假設上似乎已受到親中派思想的嚴重影響。結果導致情報界被灌輸「威脅貶值」的觀念，產生嚴重阻礙，無法對中國的擴張做出強而有力的回應。情報部門似乎從來沒有以強權政治的觀點，對中國以及中共的大戰略進行分析。更可怕而且更要命的是，美國的政策總是會受到誤導，關於敵人本質的真相也沒有傳達給資深的國安決策者，這本來應該要像冷戰時期那樣受到重視。

第二個問題，由於美國情報圈一直長期「威脅貶值」，導致美國軍事領導者未能確保美國從二戰的大規模軍事擴張以及冷戰的戰略遠見中所握有的軍事力量。儘管一九八九年天安門事件的暴行後，有些年輕軍官曾對美國政府允許中國解放軍軍官參觀美國軍艦、設施的「門戶洞開」政策提出過質疑，情報圈中也有少數有識之士警覺到中國的戰略意圖而適時提醒，但自從一九九〇年代初期起，美國的軍事高層從未認真看待這些提醒。更糟糕的是，他們秉持「接觸政策」的意識形態，並向中國解放軍提供知識，結果幫助中國進行二戰以來最大規模的軍事擴張。

第三個問題，如本章開頭引用前國防部長羅伯特·蓋茲所表達的觀念，在阿富汗或伊拉克進行的局部戰爭，始終被看得比未來與中國的重大戰爭更為重要。美國國安決策者的精力主要集中在對抗恐怖分子和叛亂分子的戰爭上，導致中國的競爭性威脅在缺乏有效抑制的情況下逐漸增長，使得美國同時又失去在阿富汗和伊拉克的地位。

第四個問題，有些基本假設欠缺檢驗，對美國的國家安全產生有害影響，造成美國幾十年來「威脅貶值」。這些欠缺檢驗的基本假設有以下三個。首先是「歷史已經結束，強權威脅已成歷史陳跡，因此從美國國家安全的角度看，與俄國、中國合作是無害的」；其次是誤認「美國擁有足夠的時間來應對未來的問題和對美國的生存威脅」；第三個假設是「與中國一系列的互動來往將有助於中國積極轉型」。

最後，我們來探討中國已經成功做到哪些事情。鄧小平「威脅貶值」策略之成功，最佳的證明就是把中國影響力能如此輕易滲透到美國企業、媒體、智庫以及政治人物，我們也可以把此現象理解為「菁英俘獲」。美國的菁英遭到俘獲的問題在於，太多的美國政客、官員、企業、金融業、媒體、學者、智庫與基金會，都從中國崛起中獲利。因此，中國「威脅貶值」的策略成功地促使他們營造出有利於與中國進行接觸和合作政策的條件。不幸的是，這個情況至今依然持續，這是必須立刻加以導正的。

強權政治與戰略原則

本節分析美國國安圈的失敗，失敗之處在於未能跟隨強權政治以及戰略原則。這些都是必要的工具，但目前依然仍未被當成決策的指導原則，也沒有被用來教育年輕的世代，這意味著，美國依然欠缺正確的智識框架來理解中國威脅，並在國內與國際規劃出必要的回應。美國的國安決策者是有諮詢中國歷史文明、文化方面的專家，這樣做是對的，但是他們卻沒有諮詢在強權政治及行為方面具有專業背景的專家。他們應該要這麼做，因為中共的行為更接近地緣政治傳統的強權，而不是歷史上的中國王朝。若要瞭解北京當局的行為模式，先瞭解強權政治以及共產主義，才是首要之重。

美國高層與軍方未能從強權政治及戰略的角度審視國安政策

本書要點出美國的一個根本問題，那就是對以下這一點缺乏認識，為何當同等級的潛在競爭對手出現時，美國的國安政策在任何情況下都必須應用到強權政治的邏輯。美國之所以對這一條鐵律欠缺認識，要歸咎到「歷史終結論」這種理想上的認知。它數十年來影響職業軍事教育、策略分析、時事評論、國安決策各方面的人員，導致美國長期一直「威脅貶值」。

綜觀歷史，強權之間的關係，乃是由強權政治的原則所定義的。因此決策者、分析家應該加以學習，並且以此來主導國家安全政策以及外交關係。古羅馬帝國的老加圖（Marcus Porcius Cato the Elder，西元前二三四年～前一四九年）在元老院發表演講時，無論議題為何，總是以一個觀念作為結尾，那就是羅馬的同等級競爭對手迦太基必須被摧毀（Carthago delenda est）。迦太基最終在老加圖去世後三年（西元前一四六年）的第三次布匿戰爭被擊敗。老加圖始終關注著對手迦太基，並持續不斷地提醒羅馬領導人，羅馬的主導地位正面臨威脅，而且迦太基決心要打敗他們。今天，像老加圖這樣把重點放在同等對手的競爭威脅上，如此清晰有力的見解，必須在美國國防部加以落實。

美國的根本利益，在於維持國際政治中主導國家的地位。美國必須確保領導地位不受潛在同等級競爭對手的威脅。在冷戰結束後，美國未能做到這一點。傳統上用來解釋強權興衰的戰略原則，凡是政治與軍事領導者不僅必須去理解，還要徹底應用在國家安全政策中。美國的國安決策者必須透過這些原則規畫全球戰略，捍衛美國的國家利益。隨著強權競爭的回歸，美國的國安決策者必須把重點放在戰略的三個原則上。

第一項首先需要認知到的戰略原則是，在強權競爭的領域當中，實力是國家發展生存最關鍵、最具價值的因素，就有如最通行的貨幣（power is the coin of realm）。美國的國防政策必須建立在這樣的理解之上，即國際政治中最重要的國家實力。對於大多數國家包括中國、印度和美國而言，國家實力是軍事、經濟、外交、效率、人口規模、地理位置、技術水準、自然資源等各項的總和。更聚焦來說，端看一個國家的實力強弱取決於三個因素，能夠工作和作戰的人數、經濟生產力與創新能力、以及該國的政治體系涵蓋個人貢獻度來推進國家利益方面的效率。人口是一個重要因素，但是光只是擁有人口並無法成為實力，這一點可以由以下的例子很清楚的看出來，孟加拉、印尼、巴西雖人口眾多，但相對實力仍然是弱的。國家實力若要真正強大，經濟（同時也是軍事力量的來源）必須具有效率，並且具有創新能力。當然，如果缺乏政治效率，是無法實現這些優勢的。政府必須具備調度資源來推行國家目標的能力，並且能夠在面臨政經困境、軍事挫折時，保持堅定的意志力。效能越高的政府，就越能夠獲得相對更多的資源，並擁有更堅強的決心來擴充國家實力。美國在越南的痛苦經歷是一個值得銘記在心的教訓，儘管美國與盟國向南越提供大量援助，北越仍然擊敗人口更多、經濟更富裕的南越，因為北越榨取資源時更心狠手辣、展現出的意志更為堅強，同時也從蘇聯、中國等重要盟友獲得援助。

財富的多寡以及盟友的數量也同樣重要。因為盟友在軍事、情報、經濟各方面擁有的實力以及天然資源，都可以增強同盟主導國家的實力。當然，盟友也可能給盟主帶來問題，他們也會操弄盟主的力量來謀求自己的利益，畢竟盟友是一種資產，對於加深、強化盟主國的實力是有幫助的。關於如何理解軟實力作為國家實力的構成要素之一，哈佛大學的國際政治學者約瑟夫・奈伊（Joseph Nye）如此闡述「軟實力」（soft power）的重要性，相當有見解，能使其它國家與本國同一條心，使他們追求的目標與本國一致。[3]奈伊將「軟實力」與「硬實力」（hard power）做對比，硬實力是指一個國家在軍事、經濟、外交以及科技方面的能力。史達林曾經問過一句話：「羅馬教宗有幾個師的兵力？」這句話相當有名，用意是嘲諷天主教的教廷。但是歷史將這句話報應在共產黨自己身上。的確，教宗沒有實力能夠在一九四五年時將蘇聯紅軍趕出波蘭，但教宗若望保祿二世（原籍波蘭）於一九七〇年代至一九八〇年代在波蘭發揮影響力，進而埋葬共產政權的統治，這正說明軟實力的重要性。這一點，北京當局也深有體悟，所以建立孔子學院，作為在全球推動中國哲學、語言、文化的機構，意在削弱西方思想、語言、文化在世界上的地位，企圖使中國發揮強大的軟實力。[4] 儘管軟實力也很重要，但仍居次要地位，無法取代硬實力，因為軟實力往往是難以評估或衡量的，就目前中美衝突的情境而言，也是如此。在目前的中美爭霸中，勝負的結果會是由國家的實力來決定的。

第二項戰略原則，就是絕對實力與相對實力的區別。一個國家擁有多少絕對實力，固然非常重要，但相對實力，也就是說一個國家的實力相對於其它國家實力的強弱順序對比，才是更加重要的。由大英帝國的興衰正可以說明這一點，如果按照絕對實力而論，那麼現在的英國比一百年前的英國更強大。然而，按照相對實力而言，現在的英國遠遠比以前更弱小。德國、日本、蘇聯／俄國、美國等其它強權的崛起，意味著英國相比之下就變更弱。比起一百年前英國擁有世界最強軍力而稱霸全球海洋時，現在倫敦的影響力遠遠小得多。占據主導地位的強權，如果不審慎考慮評估實力的對比，那就注定要失去主導地位。因此，在國際政治中，相對實力如何分布，乃是首要之重。貿易必須考慮到對戰略的影響。自由市場經濟學家所強調的貿易所帶來的絕對性獲利，必須要讓位給戰略家所側重的相對實力分布，哪個國家可以藉由經濟交易獲得更多的相對實力？這才是最需要關注的指標。不幸的是，美國上一個世代在處理美中關係時並未遵循此戰略原則。美國的核心利益，是維持在世界上的主導地位。美國之所以可以維持主導地位，是憑藉著相對的力量優勢，包括壓倒性強大的軍事、經濟、科技實力，以及軟實力。而且對於推動並保護美國自身以及盟友的利益而言，維持美國主導也是最佳的方案。

第三項戰略原則，就是美國主導的必要性。確保美國的主導地位，是保護美國本土以及美國在全球利益的出發點。這些利益包括確保關鍵資源如稀有金屬（rare earth，又稱稀土）礦物或能源流向美國及其盟友，確保全球自由貿易與貨幣體系繁榮，確保美元維持全球儲備貨幣的地位，確保華盛頓全球聯盟網絡的安全與保障，以及防止同等級競爭威脅的崛起。如果這些利益未能實現，那麼美國就必須動用一切力量來擊敗同等級競爭者。讓美國維持世界首強的主導地位，有力地說服潛在的競爭者、強權不要挑戰美國的霸權。如果美國必須與敵人作戰時，保持主導地位才能使美國是在遠離本土的海外與敵人作戰，而不是在美國本土作戰。

目前自由主義國際秩序的各項特質，包括自由貿易、美元主導的強大貨幣體系、人權的進步，在在都與美國的實力息息相關。歷史上最重要的教訓之一就是，當國際秩序崩潰時，慘禍必將尾隨而至。例如羅馬帝國的崩潰使得歐洲進入黑暗時代、希特勒取代凡爾賽條約所建立的秩序。若無美國的實力作為後盾，美國所造就的自由主義秩序，也同樣將會在劫難逃。因此，理解美國主導地位的六大利益，至關重要。

讓美國維持第一的好處，就是維持美國首強地位，對美國而言乃是重中之重。這樣不僅能確保美國與盟友的安全，也能讓美國擁有足夠的力量勸退潛在的威脅者，並且有效脅迫、嚇阻、擊敗敵人。即使中國崛起，目前在國際政治上有一項事實仍然很明顯，就是各國比較願意跟美國結盟。當然，在大部分的情況下，各國的動機仍然是自利的，因為與美國結盟，可以利用美國的力量來滿足各國的目的，像是自我保護，或者獲得更多的影響力。

儘管美國的同盟目前正受到中國崛起的考驗，在全世界一百九十四個國家當中，大約有八十個國家與美國結盟。這些國家的安全透過條約、正式或非正式的協定與美國連結在一起，幾乎包括所有主要的經濟與軍事強權。相對於冷戰高峰時期美國與蘇聯的盟國數量比例是一・八比一，現在這個比例則大幅升高到將近十七比一。歷史紀錄上美國從來未曾擁有過這麼多盟友，其它國家也不曾有過。美國的首強地位，以及各國尋求向美國看齊所產生的從眾效應，使美國在國際政治中擁有廣泛的影響力，能夠塑造各國及國際機構的行為。

只有少數幾個國家公然反對美國，包括中國、古巴、伊朗、北韓、委內瑞拉，現在還加上俄羅斯。只有這些國家可能會持續抵制美國的利益。中國顯然是這些國家中最重要的，因為中國是超級強權，其它國家都遠遠不如中國強大。古巴、伊朗和委內瑞拉的問題源於反美政權，其實這些國家本身並非天生就反美。事實上，如果哈瓦那、德黑蘭、卡拉卡斯，甚至平壤、北京的政權發生更迭，都很可能會重新調整對美的雙邊關係，變成更符合美國的利益。俄羅斯的情況就比較複雜，川普第一任時期美俄的冷淡關係，已在莫斯科入侵基輔後變成敵對關係。對莫斯科而言，北京與華盛頓同樣構成威脅，在中國的擴張主義驅動之下，如果俄烏戰爭結束，美俄關係或許有機會達成某種緩和。

讓美國保持首強的第二個好處是這個世界一直更和平。綜觀整個歷史，一個區域如果有主導的強權，例如羅馬帝國與大英帝國，或者現在的美國，和平與穩定就會帶來很大的好處。從愛德華・吉朋（Edward Gibbon）開始，歷史學家普遍認可，霸權會帶來和平的效果。美國霸權阻止美國盟友之間的爭端進一步升級，例如日本與南韓。冷戰時期在美國的領導下，減少許多歷史上曾經對立的國家之間摩擦，最值得一提的是法國和西德。今天，美國的主導地位有助於平息幾個國家之間的糾葛，例如希臘與土耳其、以色列與埃及、印度與巴基斯坦、印尼與澳大利亞、以及南北韓之間。這並不表示美國霸權能夠實現威爾遜（Woodrow Wilson）所說的願景，結束世界上所有的戰爭。戰爭依然存在，尤其容易發生在華盛頓的利益所不及之處，例如烏克蘭就是一個悲慘的案例，然而，美國的實力確實減少戰爭發生的可能性，尤其是最糟的戰爭形態，也就是霸權之間的戰爭。但隨著美國相對實力的減弱，華盛頓又再次面臨這個危險性。

第三，美國的主導地位使美國能夠傳播自由主義意識形態，包括民主制度。這對美國以及各國都是積極正面的，因為自由民主的國家更可能向美國看齊，並與美國的世界觀保持一致。因此推廣民主有助於維持美國的主導地位，而且一旦一個國家實行民主治理，將可大大減少各種類型的衝突可能性。這並非因為民主國家之間不存在相互衝突的利益，事實上的確仍有衝突，但衝突可以減少是由於民主國家更開放、更透明，更願意在美國領導下達成共識，以友好方式解決問題。總體而言，民主國家對其公民更好，也更有助於推動美國的利益。

第四，隨著世界上民主國家的數量增長，全球經濟同時也在增長，並產生全球性的「交通規則」。美國與盟國打造全球自由貨幣及貿易體系，這個體系的性質是自由貿易、自由經商、尊重國際財產權與資本流動性。在此經濟秩序下帶來的經濟穩定和繁榮，正受到中國的威脅。事實上，是這個秩序的創建加速中國的實力成長，增強了中國對抗美國的能力。總歸來說，美國之所以如今面臨中國的威脅，是由於過去未讓戰略優先於經濟的結果。美國必須從這個代價高昂的錯誤中汲取教訓，改將重點放在相對於競爭對手的經濟成長上。自由經濟秩序必須重新聚焦，確保能使美國的相對經濟成長最大化，保障美國的產業競爭力，也同時保護關鍵產業，並確保決策者將美國的戰略利益放在首位。

第五，目前美國的主導地位，使得美國能夠支配「全球公共區域」，包括海洋、空域、外太空，甚至網絡空間，並且使美國能夠將力量投射至遠離國界的地方，阻止、削弱敵對國家對這些公共區域的利用，從而降低美國與盟國力量投射的成本，增強美國傳統武力與戰略核武的威懾力。我們已經見到中國正在挑戰美國在公共區域的地位，尤其是太空領域，美國必須確保在未來的競爭時不會喪失優勢。

最後一點，美國除了以實力來推動自身利益外，還會進行有助於人道主義的任務，提升美國的正面形象。美軍是地球的「消防隊」，實質上擔任世界的第一反應者，集全球的警察、急救人員與消防部門於一身。每當發生各種天災如地震、洪水、乾旱、火山爆發、颱風或海嘯時，美國都會協助需要幫助的國家。相對地，這也有助於增強美國的實力和安全，並且有助於提升各國對美國的觀感。5

至於，美國的高階政治與軍事決策者，為何在制定國安政策前必須理解這些戰略原則？首先，國際政治是由實力競爭所定義的，實力競爭對於推動國家利益，並用國家意志屈服敵人，是必不可少的。第二，相對實力比絕對實力更加重要。第三，維持美國首強地位是美國的核心利益，因為這能保護國土並維持美國及盟友的地位。由於中國的成長，而美國開始加以制衡的動作又太晚，實力對比正在轉向不利於美國的一邊。如果美國不處理這一趨勢，將失去在國際政治中的地位，並面臨比現在更大的安全威脅。這些戰略基本原則必須為決策者所理解，尤其是未經歷過冷戰時期的美國年輕一代。決策者必須理解到，競爭是國際政治的指導原則，這個競爭建立在對強權之間根本利益衝突的正確理解之上，不可對此有所誤解。因此，國際政治是具有循環周期性的，它並不具有目的論的性質。強權總是不斷崛起與衰退，興衰不已，而並非朝向一個千年的最終結局發展。美國國安圈成功的最高標準，就是要盡可能維持美國目前的主導地位，維持時間越長越好。

美國必須在新世代戰略教育上奠定勝利基礎

美國需要更多並且更好懂得強權政治與戰略原則的戰略家。有鑑於美國先前未能及時有效制衡中國崛起，訓練培養新的戰略幹部乃是當務之急，這些新一代的戰略幹部必須懂得運用強權政治的戰略原則，在當今這場冷戰努力捍衛美國的國安利益。由於好的戰略取決於許多因素，包括歷史、戰略文化、政權類型、組織架構、官僚群體、以及國家與社會的各種層面。但最重要的，良好的戰略是由戰略家，也就是智囊群來指導的，這群人首先要接受過戰略原則的教育，包括實力對比與綜合評估。其次，他們的任務是確保在競爭中取勝。美國缺乏足夠受過訓練的戰略家來協助國安高層決策者來制定與中國（或未來其它競爭者）競爭的致勝戰略。美國國安圈應該研究如何更妥善確保美國擁有所需的戰略家，並確保每一代人都能訓練好繼任者。這種代代相傳的觀念，在蘇聯解體冷戰結束後斷鏈，年輕一代因此難以獲得所需的知識，缺乏導師引導他們處理問題。目前的軍校以及軍事專業教育，普遍在這方面未臻理想。

這樣的分析包含七個部分。第一，實力以及實力在國際政治當中的運用，需要教育，使學員能夠理解並應用。在強權政治、外交、軍事以及歷史社科領域較進階的訓練，對於培養新一代的戰略家是有必要的，如此才能使他們有能力區分，哪些是一時的，哪些是持久的，參照歷史案例時，哪些是引喻失義的，哪些是適合套用的，並提供戰略理論方面的引導教育。[6] 戰略理論的益處，正如克勞塞維茨（Clausewitz）所說：「理論可以當作指南，指引想從書中學習戰爭的人，照亮他的道路，幫助他順利前進，訓練他的判斷力，幫助他避免踏入陷阱……理論的用處在於教育未來指揮官的頭腦，或者更準確地說，是引導他自學，而不是跟他一起上戰場。」[7]

戰略家應該要懂得如何用戰術性的答案來解決一個戰略性問題，並能夠避免走入死胡同，採用那些號稱能贏但實際上不可能實現的策略。在一九一七年，法國將軍羅伯特．尼維爾（Robert Nivelle）曾經在發動一場災難性的春季攻勢之前，承諾「在二十四小時內贏得西線戰爭」。三十六年後，傑出的英國歷史學家克瑞里．巴內特（Correlli Barnett）

對此評論道：「病急亂投醫，絕望之際，人們會改去找那些承諾實現他們夢想的江湖術士。」[8]

第二，戰略教育必須具有寬廣度。[9]戰略家必須要能夠懂相關領域，例如文化、觀念、社會、統計等等，舉例來說，墮胎率以及酗酒問題，在前蘇聯曾經是一個關鍵指標，顯示出它是一個體質虛弱的社會，公民沒在投資未來。在冷戰期間，這個重要的事實幾乎完全被西方的戰略家們忽略。其實社會壓力的負面指標是不容忽視的。語言，包括英語對於維持美國世界地位的重要性，也不應忽視。當然，要找出這些指標，首先需要照鏡子檢視自己的短處。戰略家必須採取一種克倫威爾式「檢視一切缺點」的方法，審視自己社會的弱點和脆弱性。無可避免地，這項要求是在任何官僚體系、任何社會當中都很難做到的事，質疑意識形態中的教條與陳習陋規。但戰略家必須要能夠從政治壓力、群眾思維、固有的信仰或文化習俗當中跳脫出來而做到這一點。

第三，戰略家必須協助實務操作的人員，因為實務操作者沒受過訓練，也很少有時間能從戰略層面來思考。戰略理論家可以替美國國安的決策者做些他們需要但很難騰出時間做的事情。[10]戰略家應該要能夠為決策者提供戰略原則、建議與選擇方案，從歷史以及戰略思想中篩選出適當的智慧結晶、參照案例。戰略家可以提供觀念教育來幫助實務操作者，包括強權政治的背景與演變過程，以及實力、相對實力和主導地位等構建美國國安政策基礎的相關概念。

第四，戰略家是國防相關專業人士在知識上的保鑣，[11]負責告訴他們所不知道的，或者知道有限的知識，戰略家可以針對難以預見的機會與威脅，以及如何防範意外於未然等，向美國國安決策者提供建議。這也意味著戰略家必須時刻警覺到各種衝突摩擦的來源，並將其納入國防規劃中。[12]

第五，戰略家的培養，也需要徵募一群特別具有批判性思考能力的優秀人才，[13]老一代的戰略家也需要有意願培訓下一代。培訓是很重要的，但培訓的價值往往容易被低估，要不然就是被徹底忽視。美國國防部的內部智庫「淨評估辦公室」（Office of Net Assessment）前主任安德魯・馬歇爾（Andrew Marshall）就相當看重培訓，他說：「我認為我最大的成就，就是我對那些曾進過這個辦公室的人的訓練或影響。」[14]

一個人在長時間的職業生涯中所獲得的知識，本來是不容易傳給下一代的，但師生指導關係更有機會能做到這一點，因為指導者與較年輕的戰略家之間有密切的互動。核武器實驗室也面臨到同樣的問題，像是組織的記憶、歷史，以及工作文化（如何解決問題）的流失。它們已經意識到，讓「灰鬍子」（年長的導師）將美國核武軍火庫、核武設計、生產設施的相關知識、文化與歷史，傳遞給年輕的科學家與工程師，讓新一代瞭解過去如何應對、解決一系列技術及其它問題，是至關重要的。重點在於，傳遞的不光僅是歷史，更是開發設計這些複雜系統的相關文化。

美國大部分的戰略教育，在聯合專業軍事教育（JPME）體系，包括國防大學戰爭學院（NDU），以及各智庫，包括國際關係與戰略研究中心（CSIS）、戰略與預算分析中心（CSBA）、美國新戰略中心（CNAS），以及少數其它幾所學院，大部分位於華盛頓特區的喬治城，另外還有約翰霍普金斯大學的高級國際關係學院。雖然這些教育機構也發揮很大的功能，但仍然有所不足。

聯合職業軍事教育體系的一個重要功能就是提供軍事學員資訊，讓學員對敵國有基本程度的瞭解。在冷戰後期的一九八〇年代，五角大廈的各級軍事專業教育，都包含關於蘇聯及其軍力的相關課程。在初級軍官學校（O-3 等級），有關於蘇聯的戰術、作戰能力、武器性能、戰鬥序列等相關課程。在指揮官與參謀學院（O-4 等級），也提供相同的課程。到了戰爭學院（O-5等級）的層級時，美軍各軍種的將官都對蘇聯的理論、戰術、戰鬥序列、政治、經濟等方面都有扎實的基礎，能夠充分瞭解敵人。④

有關中共的敵情教育，則根本付之闕如，正如一位前高級軍官所說：「我不認為有任何關於共產主義或中共威脅的教育課程。大家都認為他們只是我們還沒搞定的朋友。太多軍官是透過季辛吉的書瞭解中國，另外還有一些常聽到的陳詞濫調，例如「中國現在不再是共產主義國家了」、「他們只想賺錢」等等。教育會涉及到的部分，或者大多數人所理解的範圍，似乎往往就到此為止了。當然，也有一些人例外，但他們屬於特別少數，並且被視為怪咖。15

這個情況至今依舊沒有改變。今天，是有一些基礎的訓練課程講授毛澤東的軍事戰略思想，但國防部仍然缺乏認識中國、中共、中國人民解放軍的基礎課程。一個主要的問題在於，戰爭學院必須要向非軍事的標準委員會證實其適任度，這需要在安全研究領域提供通識教育。雖然這不一定是壞事，但當中級軍官進入戰爭學院時，他們在基礎知識上已經

---

④ 編注：美國軍人薪資分為三類，分別為士兵（E）、准尉（W）和軍官（O）。而文中所列舉的軍官，薪級也各有不同，例如上尉是O-3等級，少校是O-4等級，以及中校是O-5等級。

具有上述的觀念。這使得戰爭學院的教官很難去教更複雜層面的分析，因為學員通常對中國的基本政府體制、政治、軍事、意識形態、歷史或大戰略都缺乏理解。

即便國防部長在二〇一九年指示，在國防部內部把強權競爭（GPC）的課程比例調升至五〇%，但這項教育訓練仍需要五到六年的時間，才能對課程融會貫通。美國的戰略家與軍事規劃人員，對中共的深入瞭解，基本上落後十到十五年。因此我們在軍事領域中，有關實力制衡戰略的思考及行動，將繼續受到阻礙，一如過去二十年來，從初步跡象顯示中共正在崛起的軌道上開始，一路到現在都是這樣的情況。

中國與俄國在戰略家的發展教育上，比美國投入更多的資源。雖然一個國家戰略家的人數與其戰略表現，並沒有必然的關聯，但本書主張，只要美國政府培養一批人數充足而訓練有素的戰略家，就可在戰略上有更多奇謀妙計可以奏效，以戰略來推動美國的目標，對未來可能的變化，甚至是意料不到的變化有所準備，防範、擊退未來國際政治上的新挑戰。[16]目前在這方面，美國的戰略家人數是不足的，因此對美國國安決策者而言，當務之急便是擴充戰略教育。

第六，戰略之所以深奧，就是因為它既非純粹的政治，也非純粹的軍事，而是一座結合兩者的橋樑，因此戰略家必須夾在政治領導與軍事領導之間如履薄冰地工作。[17] 戰略家還必須研究自己的國家有哪些弱點，包括社會、軍事與經濟等各層面。然而，研究自己國家的弱點卻是很難做到的事情，有兩項主要原因。首先，由於戰略家對自己社會的熟悉與接近，如果不特別注意，可能就容易在無意識間，將自己社會的政治原則、經濟理念、文化價值、社會規範當作基本假設，這毛病一般稱為「鏡像思維」。接下來，在前述的基本假設已被視為理所當然（但實際上並非理所當然）的情況下，就無法見到其它的選項或解決方案。戰略家必須能夠與自己的社會脫離，並像自然科學家研究氦氣那樣，客觀而冷靜地研究自己的社會。

第七，美國必須要有足夠的自信，能在這場可預見的，在同等級競爭對手中取勝。在美國的戰略歷史上，曾經有過好幾次，美國都看似虛弱或者正在衰退中，似乎難以應對敵人的威脅，像是英國的威脅、蘇聯的威脅、日本的崛起，以及今日中國崛起，或者是未來的威脅。在這些時候，也同樣曾有美國高層官員與專家受到這種情緒感染而看衰美國自己。美國的高層決策者若缺乏足夠的信心，可能是因為他們高估對手的實力，或誇大自身的弱點。

戰略家的重要角色在於導正這一點，使美國國安決策者對美國的弱點與優勢能有清晰的理解。他們必須有信心認為在與同等級對手的長期競爭中，美國終將取得勝利。[18]如果美國要維持主導國家的地位，美國決策者必須相信，迎接這場競爭的挑戰，對美國而言是正確的選擇，那麼他們就有能力擊敗來自中國的挑戰。

瞭解共產主義意識形態的重要性

「瞭解你的敵人」，是戰略上顛撲不破的真理。要瞭解敵人，其中很重要的一部分便是瞭解他的意識形態。中國的意識形態是共產主義，而本來美國在冷戰與蘇聯對抗時，就已經對共產主義相當瞭解了。在冷戰期間，美國國安圈對馬克思列寧主義有過研究，因為如此才能瞭解蘇共以及中共的動機，及其重要盟友古巴、北韓、越南。瞭解馬克斯列寧主義，才能掌握他們的經濟體系、國內政治、共產國際、一九四七年以後的「共產黨與工人黨情報局」（接替原本共產國際的功能，英文簡稱Cominform）及各國共產黨之間的關係。有位作者在一九八七年參觀蘇聯，披露當時來自資本主義國家的訪客還會被安排講授共產主義意識形態的情形。蘇聯解體後，針對共產主義的研究與相關知識在美國國安圈逐漸減少。這裡有一個重要的對比，相對於第一次冷戰期間，美國有在針對共產主義認真進行研究，但對抗中共的第二次冷戰卻沒有。這項理解上的缺陷，導致美國未能在一九九一年蘇聯解體後充分察覺到中共對美國的仇恨及其摧毀美國的意圖。鄧小平藉著甜言蜜語，就完成戈巴契夫在蘇聯沒能辦到的事，使國家更加茁壯，採取對抗措施並打敗美國。

中國的意識形態，不僅暴露其侵犯美國國安利益的企圖，而且還把攻擊目標鎖定在美國國民與國土。在冷戰後的數十年間，美國政府忽視中國的共產主義意識形態，以為共產主義只不過是個陳腐的樣板，是舊時代遺留下來的老古董，發揮的作用越來越小，因為中國變成資本主義國家，並且正在向民主化的道路前進。如前文所述，親中派的邏輯是推動貿易可以使中國提升人權並且民主化。

然而這只不過是西方自以為是的想法，這種想法助長中國的「威脅貶值」策略。中國並沒有拋棄共產主義意識形態，而是一直保留，在目前「習近平思想」的掩護下，更強化對共產意識形態的堅持。要瞭解中國的行為，瞭解共產主義意識形態始終是必要的。因此，美國的政治、軍事、國安決策者必須瞭解馬克思列寧主義，以及史達林後來追加了什麼，而毛澤東又如何衍生發展出自己的意識形態，有別於史達林主義以及蘇共在國際上推銷的那一套。美國國安部門應該要固定做簡報，向各層級人員介紹以下內容，包括共產主義的簡史、共產主義思想家的核心思想、該意識形態如何發動與西方國家的衝突，以及為何當初蘇聯共產黨相信歷史站在他們那一邊。如此，有一天任何人站在領導的位子上時，都能在這場新冷戰當中，對中共的意識形態來源有所瞭解。

列寧主義認為無產階級政黨是無產階級的先鋒。無產階級政黨要奪取國家的政權，並將社會生活、文化、生活態度等一切都納入控制之下，終極目標是消滅資產階級式的生活、消滅西方國家、西方文明。布爾什維克詩人亞歷山大·布洛克（Alexander Blok）在一九一七年布爾什維克革命初期，對革命的總結是：「重新塑造一切」。要重塑一切，就需要對政權內部以及外部的敵人，施以非常強大的力量。

中國，無疑屬於列寧主義道路的共產主義。中共及其意識形態，完全是由列寧主義所衍生出來的，共產國際對中共有很深的影響，訓練中共的幹部，解決中共的主要紛爭。赤裸裸的事實是，共產國際以及蘇共紅軍幫助中共在一九四九年掌權。中共不只在取得政權的過程中處處依靠蘇聯，毛澤東主義也源自於蘇聯的思想。毛澤東對於農民階級的觀點是來自列寧在一九〇六年的認識，即階級在革命中所扮演著不可或缺的角色。後來毛澤東關於文化大革命的想法則源自於布爾什維克的左翼分子，包括亞歷山大・博格達諾夫（Alexander Bogdanov），以及後來在一九二五年開始第一個五年計畫時的史達林。博格達諾夫及其在布爾什維克左翼內的黨羽提出這樣的觀點：「共產黨必須以文化的革命來重新塑造整個社會，藉此符合黨所需要的政治正確，包括生活態度、歷史文化、傳統習俗、教育、語言、節慶、尊崇的偉人及雕像等等。」四十年後，毛澤東便依樣畫葫蘆。

一個人不可能既是單身漢，而同時又已婚，這不合邏輯；同理，一個人不可能既是一個列寧主義者，而同時又愛好和平。在定義上，列寧主義者在各方面都是好戰者。他們意圖實行他們的黑格爾馬克思主義歷史觀念，帶來馬克思與恩格斯所論證的階級鬥爭。包括習近平在內的列寧主義者，無法接受其它的意識形態，也必須要對抗並打倒其它的意識形態。他們在本質上是不具正當性的政府型態，必定具有侵略性，因此，他們必須不斷與內部及外部的敵人鬥爭，來動員他們的信徒，並維持、正當化對權力的集體主義式徹底掌控。共產主義者自從一九一七年起就對西方展開永無止境、從不停歇的進攻。蘇聯領袖史達林一九四六年二月九日的演講中，就充分呈現這一點。這場演講的訴求大膽而強烈，打響冷戰的第一炮。史達林這場演講提出三個主要重點。第一，馬克思列寧主義在本質上，是比民主的資本主義更具優越性的意識形態與經濟體系。第二，第二次世界大戰是對所有政治體制的一場考驗，在蘇聯人民的重大犧牲下，蘇聯在戰場上通過這場考驗，並且證明體制的可行性。第三，只要壟斷性的資本主義繼續存在，那麼戰爭就是無可避免的。既然資本主義已經引發兩次世界大戰，那麼它必然會再引發第三次世界大戰。因此蘇聯人民必須為戰爭做好準備，致力於實現新的五年計劃目標。蘇聯境內不會有和平，同樣，與資本主義國家也不可能達成和平，蘇聯人民必須全力以赴，爭取勝利。史達林的演講震驚同盟國，因為五個月前日本投降，第二次世界大戰不過才剛結束而已。

在中共的意識形態當中含有衝突的來源，這點既已清楚，那麼美國國安的高層決策者就該明白中共與史達林主義是同樣在本質上具有侵略性的，中共必然要與美國開戰。美國高層國防官員必須瞭解到政治作戰對於中共而言的重要性，換言之，從中共的角度而言，戰爭遠遠不只限於物理層面上的真槍實彈，政治作戰是優先於軍事作戰的。政治作戰是無所不在的，是戰爭的最高等型態，在常規的軍事作戰當中，也脫離不了政治作戰。政治作戰的範疇包括輿論戰、心理戰、法律戰、經濟戰、外交戰，也包括軟實力的戰爭。

因此，新冷戰的驅動力正是中共的意識形態，而不會是其它。換言之，基於意識形態上的理由，中共必須對抗美國並擊敗美國。並未認真把中共的意識形態當成一回事，並且習以為常，美國在這方面鑄成大錯。以為與西方的互動來往以及財富的增加就能夠改變中共的共產主義，這個觀點在過去與現在都是對共產主義意識形態的重大誤解。只要美國國安決策者以列寧主義的視角看待世界時，他們就能瞭解到為何共產主義意識形態永遠比經濟成長更優先，以及為何對中國人民的控制始終是必要的，就像在香港那樣，這種控制比經濟繁榮或者對「一國兩制」的包容更為重要。美國領導層最終會達到這樣的結論，與中共不可能達成妥協。美國必須為贏得新冷戰而戰，並且必須瞭解到中共不會結束鬥爭，直到它被擊敗或獲得勝利為止。

美國近幾任總統的領導無方

蘇聯的威脅，說明為何冷戰期間美國需要拉攏中國的原因，而在冷戰後，美國並未掌握時機，在成本遠遠較低的時候打倒中共，這必須歸咎於柯林頓、小布希以及歐巴馬這幾任政府。或許有人會批評，老布希政府為何沒有在天安門事件後採取推翻中共的作為。然而，正如前文所述，當時戈巴契夫是否能成功改革蘇聯，仍然具有不確定性，或者戈巴契夫也有可能遭到推翻，蘇聯換一個更好戰的領導人上台，這些因素都有可能使蘇聯變成美國更難纏的敵手，因此在冷戰需要制衡蘇聯的邏輯之下，美國仍須對蘇聯保持警戒，難以因天安門事件改變與中國的關係。

如果蘇聯變得更強大、更具有侵略性的話，那麼美國政府就需要跟中國保持更強的關係。只不過，後來到了一九九一、一九九二年的秋季與冬季，蘇聯共產黨奄奄一息，蘇聯KGB以及軍方並沒有推翻戈巴契夫，而是讓蘇聯解體，並讓俄羅斯民主主義者取代共產黨上台。儘管過渡期間，美國政府並未按照需要，做出明顯疏遠中國的動作，但老布希政府仍批准對台灣的大規模軍售，包括F-16戰機。

從柯林頓開始直到川普為止，歷任總統面對中國威脅的領導無方，是一直持續的問題。川普總統察覺到中國的威脅並試圖應對，使政府各部門察覺到中國對美國國安的危害性，並切斷數十年來**事實上**與中國合作，以及終止「威脅貶值」的政策。歷任總統的領導無方的後果，就是國安部門的注意力並未聚焦在日益增長的威脅上。美國原本有機會削弱或推翻中共政權，遏阻中國崛起，或者採取一系列競爭策略，卻等到川普才開始遏止中國的經濟擴張，以及一帶一路、在南海、非洲吉布地的擴張等。如前文所述，當時其它優先事項被認為更重要，就算中國被視為理論上未來的威脅，但美國政府及相關機構幾乎沒有人理解該威脅的迫切性。即使到了二〇一九年，美國國防部高層也仍未意識到（或者否認）這個現實，中共正在按照自己的時程表來達成偉大復興。

從老布希總統開始，直到川普為止的歷任總統選擇忽視中共的威脅，緊緊擁抱中國，並推動中國的經濟成長以及美國的商業利益，而非戰略利益。這種對接觸政策的堅持，對美國政治產生衝擊，使美國失去辨識威脅、對抗威脅的能力。九一一事件及隨後的戰爭，再加上情報圈的失敗，未能使美國總統密切關注之下，僅對中國進行薄弱的制衡，導致中國只付出很低的代價，就崛起成為與美國同等級的競爭性威脅。

美國情報圈以及軍事部門的失敗

令人遺憾的是，美國情報圈以及軍事部門所犯的錯誤，並不光僅僅是未能遵循強權政治及戰略的原則而已，甚至還讓美國幫助敵人，並被動地眼睜睜看它長年成長。我們來探討這個巨大的失敗，情報圈為何未能識別並回應中國的威脅，以及對中國企圖無害的假設是如何對美國國安造成重大傷害的。

接下來，我們要回過頭來探討一個影響美國軍事的主要問題，那就是把重心放在阿富汗與伊拉克這種小型戰爭，而不是主要的戰爭，到目前為止會是中美之間的一場冷戰。同樣地，在美國高層決策者的決定下，在巴爾幹半島西部所打的戰爭以及全球反恐戰爭，也對美國在主要戰爭中對抗中國的能力產生極為負面的影響。他們只關心當下眼前的戰爭，而不是將來對抗中國的戰爭。缺乏意願兼顧兩者，是一項天大的錯誤，我們今天就要承擔其後果。美國在伊拉克的勝利，是耗費生命、金錢與時間的一場硬仗，但這些得失都只是一時的，中國的威脅才是長久持續的威脅，而美國在當初的錯誤決策之下，對這場戰爭非常欠缺準備。

美國國安圈的失策

國家擁有情報機構的目的，以下這句話可說是最佳的詮釋。八十多年前在中途島海戰成功破解日軍密碼，引領美軍勝利的海軍無線電情報官約瑟夫・羅切福特（Joseph J. Rochefort），在談到情報人員的主要任務時，說了這句名言：「情報人員的任務、工作、使命，即是今天告訴他的指揮官、他的上司，敵人明天將會做什麼。這就是他的工作。如果他沒能做到這一點，那麼他就失敗了。」[19]

在這個認識的基礎上，我們回到本書的研究主題，美國情報圈的失策，首先在於未能識別出中國威脅，包括未能識破鄧小平「威脅貶值」的政治作戰策略，讓鄧小平這招製造混淆，並藉此掩飾中國的脆弱性。其次，美國情報圈未能釐清接觸政策對美國造成的重大損害，並讓國安決策者注意到中國威脅。從根本上來說，情報圈助長鄧小平「威脅貶值」的政治作戰策略，因為情報圈自己也站在接觸政策的這一邊，從來沒有以強權政治的視野來衡量中國。在許多人眼中，中國將會成為強權的這個概念，是「幾十年後的事」。後來，當中國的綜合國力變強，即便是最熱烈支持接觸政策的人也無法否認中國已變成強權時，情報圈卻又選擇提倡中共所宣傳的那套主張，絕對不能「挑釁」中國，否則將冒著引發熱核戰爭的風險。

作為國家生存的基礎，美國與其它國家一樣，需要依賴情報機構來瞭解敵人的軍力和企圖，並協助制定應對措施，並評估其效果。美國為了提供決策者可靠的情報，在這方面的花費超過任何其它國家，創建一個情報圈，具有強大無比的情偵能力、技術與人才。

每當美國的情報發生重大失誤時，例如珍珠港事件、蘇聯解體與冷戰結束（九一一事件之前），以及二〇〇三年入侵伊拉克前關於大規模殺傷性武器的情報錯誤，這些失誤總是會產生嚴重後果，損害國安利益，迫使人們必須解釋為何會發生如此巨大的失誤，以及應該汲取哪些教訓來防止往後再次犯錯。

儘管以上所列舉的這幾項，也都是很重大的失誤，但與美國最巨大的情報失誤相比之下，就是小巫見大巫了，那就是中國不受限制的崛起。整整一個世代，情報圈都未能向國安決策者與美國人民提供關於中國軍力擴張與動向的情報。特別糟糕的是，這一失誤是發生在光天化日，大家都看得到的視野下。根據世界銀行以及國際貨幣基金組織（ＩＭＦ）的世界經濟展望資料庫，中國的ＧＤＰ從一九九〇年約占全球的一・六％，成長到今天的約一九%。每年中國經濟的成長都未曾引起美國情報圈的警覺，未注意到這一成長帶來的後果。值得注意的是中共優先為人民解放軍提供資金，導致二戰後最大規模的軍事擴張之一。

確實，中國的軍力在各方面都有所成長。美國戰略司令部前司令，海軍上將查爾斯·李察（Charles Richard）指出中國的核武能力由原本的普通程度，在拜登任期的前兩年期間，「在戰略層面上達到突破性成長」。[20]中國的核武庫的成長速度雖然迅速，但仍然不透明，到二〇三〇年甚至更早，很可能超越美國。北京已經擁有比美國更多的戰術核武和戰區部隊。

如今中國的常規軍事能力，即便沒有超越美國，也在印太地區對美軍構成挑戰，無論是在海上、空中、網絡、太空各領域。中國運用這項實力來脅迫台灣、越南，以及美國的盟國，包括日本、澳洲、菲律賓。北京的外交影響力遍及全球各大洲，包括北極到南極。中國的經濟影響力無孔不入，遍布美國，矽谷與中國企業、機構保持著緊密的聯繫，華爾街也繼續讓中國企業在美國市場募集資金，而美國企業例如蘋果、通用汽車等，也繼續在中國投資。持平而論，今天中國的實力已經足以與其雄心壯志相匹配。

有鑑於此，美國國會應該調查並要求解釋，國安高層以及情報圈為何讓一個同等級競爭對手崛起，卻未提醒決策者與美國人民，也未提供應對的方案？情報圈既然拿了國家這麼多資源，受到國家這麼大的器重，這幾十年來就該針對中國威脅提出警示並且提供應對方案。如果是情報圈某些部門已提供警示，但卻被忽視，那麼同樣重要的是，我們需要瞭解為何華盛頓的情報高層領導的選擇是不採取行動。

要求情報圈解釋這個失誤，應該列為國防部、國會的中國事務委員會、參議院情報委員會的優先事項。美國政府與國會應好好檢討前幾任總統任期內情報圈未能識別中國威脅的失誤。現在最重要的步驟，就是瞭解失誤如何發生、對於中共的戰略目標以及動機做過哪些錯誤假設、發生哪些多重失誤、為何這些失誤無法在情報圈內部被糾正、情報圈在做中國報告時有哪些預設的偏見與色彩，同時也要瞭解，哪些人以前有提醒過中國威脅，並做過正確的評估，但卻遭到忽視或懲處。

情報圈也有可能只是這場慘敗的部分原因。如果情報圈有向決策者傳達準確的情報，包括美國的親中派如何協助中國的事實，那麼這些情報為何遭忽視，也必須加以瞭解。解釋這些橫跨兩黨的失敗原因應該是國會與政府的首要任務。

美國史上最大的情報失誤公然發生，並且持續了二十五年，因為情報圈未瞭解中共的惡意企圖，根本沒把共產主義意識形態當作一回事，卻基於對中共戰略目標與企圖做出無害的假設，就此鑄成大錯。

早在一九九二年，中國的高層領導就曾表示，中共的戰略目標不只是建造航空母艦、建設海軍實力，而且還要運用武力來達成目標。《南華早報》就曾經披露，在一九九二年九月，中國國家主席暨中央軍委副主席楊尚昆在一次對解放軍高層將領的講話中表示：「中國已決定在未來十年內購買一艘航空母艦，藉此成為區域主要軍事強權，並做好武力解決南海領土爭端的準備。」[21]

據《南華早報》報導，一位曾聽過全篇講話的消息人士透露，楊尚昆接著表示：「國際舞台上的敵對勢力要是不聽話，可能會被中國燒傷。」[22] 這段被媒體公開報導出來的，僅揭露了冰山一角，只不過是楊尚昆對解放軍將領講話的一小片段而已。但之後好幾年，這段講話的內容從未被揭露在美國的公眾視野，儘管在消息來源的取得上並沒有風險。這只不過是一個例子，說明美國的情報圈如何有效地隱瞞關於中國企圖擴軍來實行戰略目標的情報。

Sunday, May 8, 1994 — The Washington Post — Editorials/Columnists C1

OUTLOOK

Commentary and Opinion

A LOOK AT… *Asia Past and Present*

Inside China's Scary New Military-Industrial Complex

By William C. Triplett II

圖1　《華盛頓郵報》一九九四年五月八日頭版，「展望」（Outlook）社論文章標題為「驚人的中國新軍事工業複合體內幕」，作者為威廉· 崔普雷二世（William C. Triplett II）。

美國情報圈隱瞞中國情報的另一個例子是在兩年後的一九九四年五月，《華盛頓郵報》（*Washington Post*）刊登一篇標題醒目的社論：「驚人的中國新軍事工業複合體內幕」（如圖1），作者是前參議院外交關係委員會的共和黨首席顧問威廉·崔普雷二世（William C. Triplett II）。該篇社論清楚地提出警示：「西方即將因一個非民主的超級軍事強權出現在世界舞台上而感到驚恐，這個國家擁有最先進的核子武器與常規武器。」[23]這篇社論的重要性在於，它寫出人民解放軍的工業基礎建設，視其為值得關注的問題，而這一問題也早在一九九四年五月《華盛頓郵報》的報導被關注過。

然而，最令人擔憂的是，當情報部門官員發現到崔普雷這篇警訊文章非同小可，便立刻成立一個團隊，由美國中央情報局（CIA）中國情報分析的約翰．卡佛（John Culver）帶領，來把將中國視為戰略威脅的評估「壓下去」。有趣的是，接下來的數週，卡佛很不爽CIA給予他這個任務，在華盛頓一場討論解放軍情報的非機密性年度會議上，卡佛向會議室裡的中國專家抱怨，為了把它「壓下去」，害他們團隊週末還要加班。[24]卡佛在一九九四年做的事情很顯然是錯的，並且此後也一直對中國軍力做出低估威脅的評估，在接下來的二十五年多，主導CIA以及更廣泛的情報圈，美國高層領導人以及政策制定者。這一點很重要，因為目前情報圈以及學術界內，仍有修正主義者找藉口說：「以前都沒人知道這些事」，或者「中國是在習近平之後才變了」。以上這些說法是謬誤的，如果美國打算按照川普總統所設定的方向來行動，那就必須保持歷史的正確性。那些聲稱「以前都沒人知道這些事」的人，如果以前願意聽證據說話，那麼老早就該知道了，他們沒做麼做的唯一原因是刻意的保持盲目。三十年前，這一切就已在《華盛頓郵報》的星期日「展望」社論中被攤開來給華盛頓的政治人物們看，讓他們開始採取必要的行動，為實際面臨的威脅做好準備。像卡佛這樣的人並不是沒有看到，而是他們故意不聽意見並否認這一現實。其次，情報圈因為害怕做出錯誤的預測評估，而未能忠於情報專業人員的首要任務，即「瞭解敵人今天的位置，並預測他們明天會在哪裡」。美國人親眼見證二〇〇四年的「伊拉克大規模毀滅性武器委員會報告」（Iraq WMD Commission Report）幾乎徹底改變情報圈生態，從而影響對中國的預測評估。由於「大規模毀滅性武器委員會」⑤不切實際地要求情報評估必須有無可辯駁的來源驗證，情報分析師（尤其是年輕的情報人員）開始對他們的評估做出避險動作，收回對未來中國解放軍可能行動的預測分析，因為害怕做出錯誤的結論會對他們的職業生涯產生不利影響。這項失敗的影響很深，不僅限於對中國內部的情報而已。

再舉一個美國情報圈功能失調的例子，拒絕承認中國協助北韓成為核武國家。國際戰略評估中心（International Assessment and Strategy Center）資深研究員瑞克．費雪（Rick Fisher）的報告中揭露：「中國在二〇一一年末向北韓提供特製十六輪卡車，準備將來運輸洲際彈道飛彈。這些卡車經過三代的改良，現在運載著北韓的固體燃料式洲際彈道飛彈，其設計可能是基於中國東風四十一型多彈頭洲際彈道飛彈。」[25]中國技術轉移的另一個例子，在二〇二三年九月八日得到證實，當天北韓發射第一枚由核子動力潛艇發射的飛彈，潛艇上的帆塔（sail）部位外觀看起來就像中國的039B型潛艇。[26]美國政府不但未制裁中國航天科工集團（CASIC）首度的洲際彈道飛彈技術轉移，也未對中國協助北韓獨裁政權發展核子飛彈的嚴重性發言表示關切，更沒有掌握時機發動全世界各國全面圍堵中共。這些失敗所產生的嚴重後果是，美國沒有足夠的戰術性核武可威懾北韓與中國，⑥也無法遏阻北韓的核擴散。這將增加戰爭爆發的可能性，首先是在台灣海峽，其次是北韓也可能自己用核威脅的方式來支援中國與俄羅斯的侵略行動。[27]

第三，也是最令人憂心的，是情報圈在其分析和評估受到公開質疑時，採取替自己辯護的態度，例如二〇〇〇年一次事件，當時《華盛頓時報》（*Washington Times*，不同於《華盛頓郵報》）的記者比爾·葛茲（Bill Gertz）撰寫一篇文章批評CIA的對中分析，

---

⑤ 譯註：「大規模毀滅性武器委員會」旨在調查檢討為何美軍會發生嚴重的情報失靈，導致誤判伊拉克擁有大規模毀滅性武器。

⑥ 譯註：相對於戰略性核武而言，威力較小的核武。

並指出：「國會已經尋求成立一個由外部專家組成的特別小組，以質疑ＣＩＡ內部那些將共產中國日益增加的挑戰加以淡化的分析人員。」[28]報導稱，ＣＩＡ的資深分析人員對於被揭露對中立場軟弱時感到「暴怒」。這種替自己辯護的反應，體現在一個典型的例子，當時ＣＩＡ情報部（DI）副主任溫斯頓．威利（Winston P. Wiley）在二〇〇〇年十月二十七日群發給ＣＩＡ中國分析師們的備忘錄，值得在此長篇幅引用：

「今早《華盛頓時報》的『圈內消息』（Inside the Ring）專欄刊登一篇文章，題目是〈鎖定ＣＩＡ的中國商店〉，我認為我不得不對此有所回應。這是我三十年情報職涯中所見過最明目張膽且不加掩飾的威脅，是企圖將情報專業予以政治化的行徑。簡單地說，這些指控毫無實質意義。情報部在中國問題上的工作記錄具備專業精神，達到客觀、公正和技術的最高標準。我們的工作反映出深厚的專業知識，由最正直的長官領導，並與外部專家長期合作……我認為這些毫無根據的指控，不僅威脅到我們在中國問題上的工作，也破壞所有本部門同仁進行認真的高品質分析。我今早與ＣＩＡ局長、副局長會面，他們也都同樣感到憤慨，看法也都跟我一致，我們應該對抗這些破壞我們公信力的企圖，最佳的防衛方式，就是在我們所有的工作中保持諜報技術的最高水準。我們每一位，從新人到最資深的主任，都要繼續謹慎運用證據、清晰推論，小心提防自己內心的偏見與基本假設，並堅決根據所見的情況來做決定，正如我們的中國分析師一向所保持的那樣。一如既往維持各位每天工作的高標準，這是我們對抗政治化的最佳防禦。」[29]

如上述這般意氣用事、自我辯護的話語，不光只是威利副主任一個人而已，還有更多令人震驚的評語出自當時的CIA分析師麥可・莫瑞爾（Michael J. Morell，後來升任CIA行動主任），據稱他寫出一篇備忘錄，主張CIA的中國情報分析是：「優秀、客觀的典範」，並且是整個CIA分析部門的「最高傑作」。[30]從任何衡量標準來看，這兩項陳述都顯示出對中國的嚴重誤解與誤讀。從這些陳述中，看不出他們有在奉行美國情報專業人員的基本任務，從事實中尋求真相，深入瞭解對手，並針對美國國安威脅提出警示。相反，這些陳述顯示情報高層面對中國評估的質疑，抱持著一種玻璃心、報復心強，令人堪憂的心態，而且這種心態可能至今依然存在。這段插曲並非特例，因為本書其中一位作者就在其職業生涯中親眼目睹過。這種自我辯護的心態，廣泛存在於華盛頓總部的情報領導層，以及在夏威夷的專員之間，他們花更多時間用來反駁並抹黑對中國評估提出的質疑，卻不客觀評估這些質疑是否事實上有用。

在美國情報圈中，有許多案例都是在打壓不同意見，尤其是在與中國有關的問題上，其中最令人難忘的是關於中國是否有建造航空母艦計畫的問題。如前文所述，早在一九九二年，情報圈就應該意識到中國有意發展航母計劃，但即使到了二〇〇六年，情報圈的高層仍然明確表示，中國數十年內不會，或者根本不會發展航母計劃。這種錯誤訊息削弱、稀釋和降低情報的蒐集研判，最終也對這一關鍵問題的報告產生影響。如今還不到二十年，我們就知道「威脅貶值」所造成的結果，中國已有三艘航母下水。不幸的是，類似例子一次又一次重演，總是將中國的意圖或者擴充的軍力予以貶低或否定。

過去，情報分析師會根據大量不同來源的資訊，透過經驗、專業知識、評估與推論來得出客觀、預測性、非政治化的評估。然而只要一涉及到中國，美國情報圈一直以來留下的紀錄卻是一再低估中國的威脅，並在戰略與實務操作層面上「威脅貶值」。

今天，當美國的政策制定者要評估中國擴張的速度和可持續性時，回顧之前情報圈對中國軍事力量的評估是有所幫助的。我們應該可以合理地預期，回顧時會發現錯誤和誤判，正如大聯盟棒球教練尤吉・貝拉（Yogi Berra）所說的那句話：「要預測未來是很困難的一件事。」但情報圈對中國的評估，最顯著的特徵是，他們的誤判總是朝同一個方向，那就是低估中國，這完全符合系統性錯誤的定義。

這些錯誤並不是完全沒被人注意到，正如前太平洋司令部司令羅伯特・威拉德上將（Robert F. Willard）在二〇〇九年所指出的：「我認為在過去的十年左右，中國每年都超越我們對其軍事實力的大部分情報估算。他們在這些能力上的成長速度是前所未有的。」兩年後，海軍情報局局長大衛・多塞特（David J. Dorsett）中將也同樣表示，解放軍新興的軍事力量「往往比我們預測的更快進入具實戰能力的階段。」[31]

正如退役的美國海軍陸戰隊上校格蘭特・紐夏（Grant Newsham）所指出的：「在情報圈有太多軟弱分子無法相信中國想要摧毀我們、傷害我們。他們在職位上擁有權力，長期掌權，穩穩壓制住與他們意見相反的分析。或者充其量也只是象徵性的聽一下，然後就徹底忽視。要當軍事分析員還得小心翼翼地盡量把威脅淡化，以免在組織管理當中引起風波，讓自己陷入麻煩。」[32]

糟糕透頂的現實是，美國的情報圈、智庫分析師、學者對於評估中國現代化的範圍、規模、時間點，及其對美國國安的影響等方面，一再誤判，過去的錯誤紀錄慘不忍睹。因此，現在美國及全世界正面對中國崛起所帶來的後果，包括中國來源的芬太尼導致美國人死亡、美國製造業工作外包、對台灣與南海的威脅、對印度的暴力行徑、中國唯利是圖的商業行為對人民及環境造成的剝削、猖獗的智慧財產權竊取，以及對新冠疫情（COVID-19）源頭的持續欺瞞。

美國與全世界不能再容忍這些來自中國的破壞行為了。現在該是對情報圈的失敗進行總清算的時候了。正如調查水門案的丘奇委員會、派克委員會（Church and Pike Committees）所做過的那樣，美國的情報圈需要對這些失敗進行檢討，並進行系統性修復，最重要的是，必須公開拋棄過去三十年來主導情報圈「威脅貶值」的思維模式。

軍事高層的領導無方

未能認知到中國崛起並有所準備的，不光只是情報圈而已，還有國防部，尤其是軍事領導層，對美國當前未充分準備的狀態同樣負有責任。我們來看一個簡要的歷史案例，藉著具體的歷史背景來瞭解這一點，在一九四九年，當美國人意識到他們在第二次世界大戰中所爭取到的和平，正受到史達林與蘇聯共產黨的威脅時，有一小群海軍將領公開挑戰國防部的陸軍、空軍與文職領導者，針對如何打敗蘇聯入侵歐洲的策略進行辯論。當時眼下迫切的問題是關於預算及資源應如何按照優先度來分配。這場挑戰被稱為「海軍將領的譁變」。這場「譁變」是要反對偏好空軍的戰爭策略，也就是依靠戰略轟炸，特別是使用B-36轟炸機，對蘇聯目標投射核武，如此一來便能威懾、阻止蘇聯入侵西歐。這些海軍將領公開挑戰國防部長的決定，認為國防部長對海軍存有偏見，基於偏見取消美國海軍的首艘「超級航母」美國號（USS United States，編號CVA-58）。這些堅守原則的海軍軍官認為，這項決定不僅損害海軍的士氣，更重要的是，也損害美國國家安全。[33]

這段歷史的重要性，可由這份報告印證，國會研究處（CRS）二〇二三年十月發布的更新版報告《中國海軍現代化：影響美國海軍戰力的背景與國會議題》。特別重要的是，這份報告再次列出名為「二〇〇五年以來中美特定類別艦船數量比」的方格表，以下簡稱為「方格表」（如表1）。

水面作戰船艦		兩棲作戰船艦						
輕巡防艦 (FFL)	巡邏艇 (PC)	兩棲突擊艦 (LHA)	坦克登陸艦／船塢登陸艦 (LST/LPD)	中型登陸艦 (LSM)	總數	中國海警	美國戰鬥船艦總數	美中船艦數量對比
0	51	0	20	23	216	無資料	292	+76
0	45	0	25	25	221	無資料	281	+60
0	41	0	25	25	222	無資料	281	+59
0	45	0	26	28	233	無資料	279	+46
0	70	0	27	28	262	無資料	282	+20
0	85	0	27	28	276	無資料	285	+9
0	86	0	27	28	276	無資料	288	+12
0	86	0	28	23	271	無資料	284	+13
0	85	0	29	26	273	無資料	287	+14
8	85	0	29	28	283	無資料	285	+2
15	86	0	29	28	294	無資料	289	-5
23	86	0	30	22	303	無資料	271	-32
23	88	0	34	21	317	185	275	-42
28	86	0	33	23	306	240	279	-27
42	86	0	37	22	335	248	286	-49
49	86	0	37	21	333	255	290	-43
51	84		57		348	223	296	-52
50	60		57		351	224	294	-57
50	3	3	57		328	142	289	-39
+50	**+9**		**+17**		**+112**	**無資料**	**-3**	**-115**

的背景與議題資料〉(報告人 Ronald O' Rourke)。該報告上的數字是前一年的，例如表格顯示 2022 年度國防報告的美國海軍艦艇數為 294 艘，這是截至美國聯邦政府 2021 會計年度末（2021 年 9 月底）為止的數字。而中國的前 2 艘兩棲突擊艦於 2021 年服役，第 3 艘於 2022 年服役。但直到 2023 年度國防報告才顯示出 3 艘。

表 1　二〇〇五年後中國與美國的各型船艦數量對比

2005-2023 年的中國船艦數量根據美國國防部年度報告（DoD Report）

中國主要的戰鬥艦種不包含輔助性、支援性船艦，而右方的「美國戰鬥船艦總數」則包含輔助性、支援性船艦，但不包含巡邏艇。

美國國防報告(DoD Report)年度	潛水艇			水面作戰船艦			
	彈道飛彈潛艇(SS)	核動力潛艇(SSN)	傳統動力潛艇(SSB)	航母(CV)	飛彈巡洋艦(CG)	驅逐艦(DD)	巡防艦(FF)
2005	1	6	51	0	0	21	43
2006	1	5	50	0	0	25	45
2007	1	5	53	0	0	25	47
2008	1	5	54	0	0	29	45
2009	2	6	54	0	0	27	48
2010	2	6	54	0	0	25	49
2011	2	5	49	0	0	26	53
2012	2	5	48	0	0	26	53
2013	3	5	49	1	0	23	52
2014	3	5	51	1	0	24	49
2015	4	5	53	1	0	21	52
2016	4	5	57	1	0	23	52
2017	4	5	54	1	0	21	56
2018	4	5	57	1	0	28	51
2019	4	6	50	1	0	33	54
2020	4	6	46	2	1	32	49
2021	6	9	56	2	1	32	48
2022	6	9	56	2	6	36	45
2023	6	6	47	2	8	42	47
2005 至 2023 年的數量變化							
	+5	**0**	**-4**	**+2**	**+8**	**+21**	**+4**

資料來源：以上是美國國會研究處（CRS, Congressional Research Service）所列出的表格，是根據 2005 至 2023 年美國國防部向國會提交的年度報告「關於中國軍事發展」，2009 年之前原稱「中國軍力報告」，其中關於美國海軍艦艇數量，見於 CRS 報告編號 RL32665：〈海軍軍力結構及造船計畫：提交國會

「方格表」顯示出一目瞭然的戰略趨勢演變，也反映出美國海軍正在衰退，而中國海軍無疑正在明顯成長。[34]例如美國海軍在二〇〇五年在作戰艦艇上擁有七十六艘的優勢，到了二〇二三年上就比中國減少三十九艘（這項評估是基於同類的船艦、潛艇做比較）。正如「方格表」所揭露的，過去十八年來，美國海軍在作戰艦艇數量上，相比人民解放軍海軍總共減少一百一十五艘，這個戰略趨勢演變，至少在未來十年內不會受到嚴重干擾。[35]今天，中國人民解放軍海軍是世界上最龐大的海軍，這一點首次記錄在二〇二一年國防部提交給國會的《關於中國軍事與安全發展的年度報告》當中。

中國的優勢不只在於作戰艦艇與潛水艇的數量，還在於總噸位，中國海軍在過去十年的大部分時間裡，總噸位超過美國海軍。例如中國海軍有一萬兩千噸的「〇五五型飛彈驅逐艦」，⑦該型船艦具有一百一十二個垂直發射器，可搭載射程三百公里的「鷹擊十八型超音速反艦飛彈」等超視距武器。毫不誇張地說，目前中國海軍在反艦飛彈（ＡＳＣＭ）領域的能力，即便未超越美國海軍，也足以與美國海軍並駕齊驅了。

我們不得不問：「近三十年來，美國國防部裡穿軍服的職業軍官們如何能讓這件事發生？」儘管仍有少數幾位高階將校意識到中國崛起以及解放軍帶來的威脅，但正如一位退役軍官所說的：「他們是在『違反潮流』。」美國海軍的高階將校團體，過去在一九四九年時曾因國家安全戰略和預算分配問題，擁有足夠道德勇氣發動「譁變」，而時至今日，美國海軍無疑在武器上被中國海軍超越，卻沒有一位海軍將領公開發言表示異議或辭職。

我們已經檢討情報圈、國安戰略家、連續幾任的總統，都未能警覺中國崛起並有所準備，但同樣值得注意還有美軍的制服軍官，尤其是海軍將領們，未能在面對解放軍海軍崛起時，為海軍的武器設備與戰力不足發聲。

從一九八九年的天安門事件中，已經可以見到中國不把人命當回事，但除此之外，在一九九〇年代，還有其它明顯的指標，顯示中共企圖擴建解放軍的軍力來對抗其「主要敵人」，正如中共總書記江澤民所呼籲的，就是美國。[36]

一九九四年早期已有過一些警訊之後，一九九四年九月《紐約時報》又刊登崔普雷的文章，清楚地表達美國參議員對此事件的關切，中國人民解放軍高層陸續到美訪問，與五角大廈、美國軍方各部門互動。該報導指出：「一群中國高階軍官參觀美國的軍校。他們

---

⑦ 譯註：按照北約的分類法，將其命名為「刃海級巡洋艦」（Renhai-class cruisers）。

作為五角大廈的客人，聽取有關美國最新軍事技術與戰略的簡報。」崔普雷接著提出警訊：「軍事訪問是柯林頓政府與中國進行軍事合作計劃的前兆，具有潛在危險性，這一計劃的進行並未告知國會。」[37]

此外，還有報導稱一些「藍色愛國者」（美國太平洋艦隊第一線的基層軍官）也對華盛頓提出關切，他們說海軍高階將領們根本不願相信中國是個威脅。在一九九〇年代的整整十年當中，在華盛頓、珍珠港的美國海軍高層似乎不遺餘力地為中國海軍的同行提供美國海軍艦艇、海軍基地的進入許可，這種做法只能稱之為「門戶洞開」政策。[38]

到了九〇年代末期，情況已經惡化到岌岌可危的地步了，針對五角大廈與中國解放軍進行軍事交流的「門戶洞開」政策，國會山莊為此鬧得沸沸揚揚，於是跨兩黨的「參議院軍事委員會」（SASC）制定一個特定的「禁誡規定」（Thou Shalt Nots，名稱源於聖經十誡），[39]由鮑伯．史密斯（Bob Smith，共和黨、新罕布夏州）、丹尼爾．井上（Daniel Inouye，民主黨、夏威夷州）、泰德．史蒂芬（Ted Stevens，共和黨、阿肯色州）等參議員帶領起草「禁誡規定」。[40]

後來五角大廈仍然拒絕縮減、限制與中國人民解放軍的軍事交流，使得國會在二〇〇〇年通過《國防授權法案》（National Defense Authorization Act，ＮＤＡＡ），該法案對美國國防部規定一系列的限制，特別針對與中國人民解放軍的軍事交流做出數量限制，並且禁止美國國防部長於下列情況授權簽署與中國人民解放軍的任何軍事合約，即「在十二種軍事領域不當曝露我軍軍情，可能製造國家安全風險時」。十二種領域包括武力投射任務、核子武器任務、先進技術跨軍種聯合作戰、先進技術後勤任務、生化武器防護以及大規模毀滅性武器相關戰力、監視和偵察任務、聯合作戰實驗及其它軍事轉型相關活動、太空軍事任務、其它先進軍武能力、軍售或軍事相關技術轉移、機密或受限資訊的發布、進入國防部實驗室。[41]

一位曾經歷過冷戰時代，具退伍軍人身分的國會議員中肯地說：「你能想像，對美國國會而言，情況是已糟到何等地步，才會需要去明令禁止國防部長進行這些明顯具有破壞性的接觸活動嗎？更進一步說，你能想像國會在冷戰時期，會需要發出這種禁誡規定才能禁止與蘇聯軍事交流嗎？」[42]

更引人警醒的是，即使二〇〇〇年的《國會授權法案》都已經通過了，國防部還是找到一些變通的手段來繞過國會的監管。例如，本書其中一位共同作者個人就曾親身經歷

圖2　中國人民解放軍海軍大尉楊偉軍在小鷹號停泊香港時登艦參觀，二〇〇五年二月五日。（照片為作者提供）

過，在二〇〇五年二月美軍軍艦停泊訪問香港時，駐港的解放軍軍官代表團就應邀登上小鷹號航空母艦（USS Kitty Hawk）參觀並接受導覽（如圖2）。[43] 毫無疑問地，國防部與海軍相信他們有在遵守《國會授權法案》，然而，他們並沒有遵守該法案的精神。

另外一個案例是在二〇〇七年，解放軍某艦艦長吳勝利上將在導覽下，參觀美國東岸最大且最重要的維吉尼亞州諾福克海軍基地，在當時的海軍作戰部長麥克．穆倫（Mike Mullen）上將的擔保下，吳勝利上將除了獲准參觀美國海軍的一艘航空母艦，甚至包括一艘核子潛艇。[44] 根據現場目擊人士第一手的消息指出，吳上將以及隨行的代表團成員每問一百個問題，就有九十九個問題能從美方得到透明的回答。然而美軍提供的透明資訊並沒有得到對等的回報，反過來當美國海軍軍官向中國海軍軍官問問題時，只會得到模糊混淆的回答，或者根本不回答。

如果要問為何美國海軍將領會採取如此危險的態度，不負責任、漫無限制地與中國海軍進行軍事交流？還有，為何他們未能理解「方格表」的事實，爭取擴建美國海軍，藉此遏阻中國在海上的擴張與侵略？有三項主要原因。第一項原因是與海軍將領群體的文化有關，最貼切的形容就是「得過且過」（going along to get along）。像阿雷．伯克海軍上將（Arleigh Burke）那樣審慎嚴謹的時代早已一去不復返了。伯克是前述「海軍將領譁變」運動的發起人之一，當時他還是艦長，或者像核動力海軍之父海曼．李高佛海軍上將（Hyman Rickover），他們專注投入應對蘇聯威脅，重視美國海軍應對蘇聯的任務作戰能力，因而獲晉升至美國海軍的高階職位。他們以嚴格的標準來要求海軍軍官、士官、士兵，無法達到要求的人會被軍隊淘汰。

海軍紀律嚴明的時代，後來被一個監護人式的體制所取代，軍官是否能晉升至准將以上的軍階，取決於他們對上級將領的恭敬、順從，而非對憲法及憲法精神的忠誠（儘管他們曾宣誓效忠憲法）。當然，並非所有的軍官情況都是如此，但事實是，在過去二十年裡，沒有一位美國海軍上將站出來抗議美國海軍的衰退，而中國海軍則在同時期迅速成長，超越二戰以來任何國家的海軍。

這與冷戰時期形成了鮮明對比，當時的海軍將領對蘇聯海軍的成長保持高度警覺，並透過國會聽證會等適當的場合表達警訊。儘管如今退役的海軍上將麥可．吉爾迪（Michael Gilday）以及查爾斯．理查（Charles Richard）等人有討論過中國海軍擴張帶來的威脅性，但他們的前任長年地忽視其對美國國安利益構成的危險。現在的海軍造船廠以及人員，未曾經歷過冷戰壓力下持續不斷且巨大的需求，實在無法知道今天的海軍是否能夠應對這些挑戰。

第二項原因，如同前面提到過的，親中派思維所造成的衝擊，他們主張與中國接觸就可以使中國的行為正常化，使其符合二戰與冷戰後建立的現存國際體系與國際規範。令人震驚的是，不光只是國安體系內的民間分析師容易受到這種接觸派思維的影響，甚至

圖 3　美國海軍作戰部部長（CNO）約翰．理查森上將（John Richardson）與中國人民解放軍海軍司令吳勝利上將在北京的人民解放軍總司令部會面，二〇一六年七月十八日。（圖片來源為美國海軍）

超過一整個世代的美國海軍將領也受到這種影響。例如，當二〇一六年七月十二日在海牙的常設仲裁法院（PCA）才剛剛作出裁決，中國無任何權利在菲律賓專屬經濟區內破壞環境、掠奪資源和軍事建設，而僅短短六天後，當時的美國海軍作戰部部長（CNO）約翰．理查森海軍上將（John Richardson）就被拍到在北京與中國人民解放軍海軍司令吳勝利海軍上將握手（如圖3）。正是這位吳勝利上將，精心策劃中國在南海對美國盟友菲律賓進行「收復海上領土」的行動。[45]不出人意料，中國的國家宣傳機器大肆宣傳吳上將的言論：「中國不會停止在南海島嶼建設的行動。」而同一時刻，中國海軍艦艇正開心地在夏威夷珍珠港接受國際招待、觀摩環太平洋軍事演習。[46]海軍作戰部長理查森在南海仲裁風波後訪問中國，這引出該檢討的問題，軍事交流政策的合理性與有效性在哪裡？這種反射式的動作，代表美國海軍高層與其它軍官所抱持的意識形態理念，他們根據一種論點來將自己的信念正當化，那就是「當他們在談話溝通時，他們就不會開火。」按照這個道理來說，如果有些交流是好的，那麼更多的交流一定更棒。[47]

一種模式就此昭然若揭，前聯合參謀長聯席會議副主席比爾·歐文斯海軍上將（Bill Owens）要求「美國必須開始將中國視為朋友。」[48]、前國家情報總監暨太平洋司令部司令丹尼斯·布萊爾海軍上將（Dennis Blair）聲稱「台灣是美中關係中一鍋粥裡的老鼠屎（the turd in the punchbowl）。」[49]而最近，印太司令部司令約翰·阿奎利諾（John Aquilino，本書完稿時為現任）海軍上將，在美國公共電視新聞網（PBS）的新聞時段中發表長篇大論，公開談到他多次嘗試與中國人民解放軍對話，並邀請中國海軍參加在夏威夷舉行的環太平洋軍演（RIMPAC）[50]。美國的海軍上將們已經表現出，他們更熱衷於漫無限制的交流，而不是爭取讓美國保持世界最強大海軍。

第三項原因，也是最後一項，就是「溫水煮青蛙」（frog in the pot）症候群。除了美國海軍得過且過的心態造成惡劣影響之外，中共在軍事擴張的時機與節奏上也掌握得相當高明。從江澤民努力將解放軍現代化，胡錦濤指示解放軍要在二〇二〇年前具備攻台能力，到習近平的二〇一二年占領黃岩礁、二〇二〇年在台灣周邊試射飛彈等一連串公開行動，這些行動都以巧妙的方式進行，避免逼迫美國國防部採取必要行動來緩解西太平洋軍事格局劇變的影響。因此，就像諺語所說的「溫水煮青蛙」，水溫慢慢一度一度上升，最終將青蛙煮死一樣，美國海軍的上將們，也總是因為中東或者歐洲有更需要優先處理的問題存在，而對中國的行動始終麻木而無所作為。

以上這三項失敗原因綜合起來所造成的效應，就是在印太地區給美國國家安全留下極大的風險。這已是無可否認的狀況，以至於前海軍作戰部長吉爾迪海軍上將在《二〇二二年海軍計劃》（Navigation Plan 2022）中指出，美國的安全環境確實已呈現「有效軍事威懾力的衰退」，尤其是由於中國在「進攻性戰爭系統上的投資，涵蓋所有領域，正以美國海軍力量為瞄準紅心。」[51] 該文件承認，正確的實情是：「中國設計打造其軍力的唯一目的，是阻拒美國軍隊進入西太平洋及其外圍地區，來重塑安全環境，使中國占有優勢。」[52]

因此，將來如果美國與中國發生衝突時，地點將會是在空中、海面、海底，從沖繩、關島、夏威夷一路到美國西海岸以及本土。這會是美國自二戰以來未曾經歷過的衝突規模。今天美國的國家安全面臨這個巨大的中國威脅，需要一場屬於自己的「海軍將領譁變」，好好解釋美國海軍如何走到如今這個弱勢的位置，並提出計劃重建美國的海上力量，效法美國海軍戰略家曾在一九四〇年六月以《海軍擴充法案》（Naval Expansion Act）大舉資助建設美國海軍，為第二次世界大戰的開打做好準備。[53]從根本上，需要改變美國海軍將領群體的文化，該做的是迎擊並打敗敵人，而不是與敵人交流。

今日的小型戰爭比明日的大型戰爭更受重視

一個持續造成惡劣影響的問題，是在蘇聯解體後的幾十年間，美國把小型戰爭視為優先，重視程度高於日益成長的中國威脅。比起未來對抗競爭對手的主要戰爭，美國更重視當下與恐怖分子、叛亂分子進行的次要戰爭。

國防部長羅伯特．蓋茲（Robert Gates）在二〇〇八年五月十三日的評論，充分表達這種觀點。蓋茲指出，滿足當前美軍的作戰需求，並在軍人回國後照顧他們，必須成為美軍的首要任務，而不是包括中國在內的未來威脅。這裡有個值得注意的地方，蓋茲把中國視為未來的威脅，而不是當前的威脅。

事實上，中國一直在對美國進行政治作戰，並且非常成功。從蓋茲的言論中可以看得出來，他並沒有認知到以政治作戰的方式來擊敗美國，是中國的優先選項，如此一來，中國就沒必要跟美國打實際戰爭了，因為中國將擁有足夠的力量威脅來迫使美國做出讓步，來達成中國的國家安全利益。美國總是把當下在阿富汗或伊拉克的次要戰爭，看得比未來與中國的主要戰爭更重要。蓋茲曾說：「我已注意到有一種太過頭的趨勢，或許可以把它稱為『下一場戰爭症候群』，美國國防部的建制（高層）非常傾向於關注未來衝突可能會有的需求。」[54]我們選擇這句話，作為本章最開頭的警語，這句話很重要，因為它充分展現這種錯誤心態。

對蓋茲而言，在資源有限、預算有限的情況下，國防部必須專注於建設能夠與小型恐怖分子集團、游擊隊進行非常規作戰（irregular warfare）的軍隊。如此一來，後果就是延遲、甚至中止對抗中國所需要的武器研發，例如F-22戰機的數量就被蓋茲砍了。儘管蓋茲坦承，美國在當時（二〇〇八年）若面臨任何大型傳統戰爭的話「應付起來會很吃力」，但他認為這樣的敵情不太可能發生，而且他相信美國應該擁有足夠的空中、海上軍力擊敗任何發動侵略的對手，並點名是「在波斯灣、朝鮮半島或台灣海峽。」[55]在二〇〇八年，這樣的說法或許還稍有些可信度，但隨著中國在外交、軍事和領土擴張方面的積極行動，如今是否還是這樣，已經很有疑問了。

專注於小型戰爭，付出的代價就是犧牲在大型戰爭中對抗中國的準備。情報圈應該要闡明這方面付出的痛苦代價以及對美國國安帶來的風險。這也需要靠總統的跨部門領導，才能指示國防部長在進行小型戰爭作戰、照顧回國士兵的同時，也為對抗中國做準備，防止中國進一步擴張、逼中國退出已奪取的領土。要能夠同時進行當下的戰事，又同時準備遏阻、擊敗下一個敵人，需要靠的就是國安圈。

然而老布希政府並沒有這麼做，而是在一九九一年的沙漠風暴行動，一腳將這個問題踢給未來處理。如前文所述，老布希並非唯一這麼做的總統。蓋茲在進行對抗恐怖分子、非正規軍隊的小型戰爭同時，也付出為大型戰爭備戰方面不足的代價。未能正確認識中國威脅的本質，導致國防部在面對同級對手威脅時面臨壓力，呈現短缺與弱點。

缺乏檢驗的假設

接下來要探討的也與前一項議題相關，國防部並沒有檢驗關於中國問題的假設。有三項主要的假設，嚴重阻礙美國應對中國威脅的能力，每一項假設都明顯的效果，導致美國未能看清發展中的存在威脅。

第一項錯誤假設，這是一種格局很大的假設，認為歷史已經發展到終結階段了，而強權的威脅已經成為過去的老古董了。「歷史終結論」思維影響廣泛，助長美國自大自滿的心態，美國已經達到政治與經濟發展的巔峰，擁有最正確的政經結構來領導全世界，並與其它國家合作，幫助他們也邁向通往歷史終點的道路。那麼，既然強權政治已經是過去的歷史陳跡了，與現代世界格格不入，「歷史終結論」的邏輯可以導出一個結論，透過接觸政策，包括軍事合作，把中國拉成跟西方一夥，將會使中國積極轉型。這樣的軍事合作受到美國太平洋司令部高層的支持，包括綽號「狐狸」的海軍上將威廉・法倫（William "Fox" Fallon），他甚至邀請中國的派軍事觀察員參觀美軍在關島的軍事演習，以及海軍上將蒂莫西・基廷（Timothy Keating），還就航母運作方面對中國提供建議。[56]他們深深相信，與中國人民解放軍進行軍事交流是件好事。

第二項錯誤假設，有一種認知偏誤，以為美國擁有足夠的時間處理未來的問題以及對美國的生存威脅。幾十年來，總是有比中國威脅更緊迫的任務或問題需要面對，小型戰爭、伊朗及北韓的行動、需要立即關注的人道危機，或者其它緊急危機等。相對而言，中國的威脅雖然進展相對緩慢，但卻持續不斷地發展。

第三項錯誤假設，透過接觸政策，會使中國積極轉型，因為按照「歷史終結論」的衡量，它的共產意識形態是不可靠的，就連中共領導層實際上也都不信那一套了，而是改信奉資本主義，雖然因延遲效應而未立刻發生改變，但最終中國人會獲得更多的自由。美國幾乎沒有分析家與高層官員認真把共產主義當作一回事了。美國應該要有一個「B小組」提供不同觀點，試著「以共產主義者的角度來思考」，用不同的假設來分析中國的大戰略、國家安全策略、中共如何定義其戰略威脅、會用何種手段遂行其目標。

第三項錯誤假設還會帶來一連串的問題，那就是情報分析師會傾向為特定的敘事辯護，例如說中國的企圖是無害的，或是說美國的行動會迫使中國擴張並展現好戰的姿態等等。情報分析師會投入一種單方面的解釋，偏向替親中派的思想辯護。如果要對親中派提出質疑，從根本上來說必然會需要對美國政策進行重大變革，因此可能會遭到抵制。唯有目標明確的領導，才能確保情報分析師的知識框架，能夠充分認知到中國威脅對美國國安事關重大，並據此進行調整。對思考上的假設進行檢視，對一個組織而言，總是很困難的一件事，尤其當情報分析師在應對日常工作中的國家安全問題時，時間總是有限，日常工作需要處理一般事務與急迫事務，難以將時間分出來，專注於長期的競爭性威脅。由於工作必須不斷處理源源不斷的資訊，沒有餘裕為長期打算而思考。目前國防部持續固定把重點放在每日簡報，以二十四小時為工作循環。因此，無論問題有多重要，國防部高層官員幾乎沒有時間去思考長期的戰略問題。簡單地來說，情報分析師有如跑在一個永無止境的跑步機上。

因此，合理分配一個戰略小組來投入針對國安威脅的長期研究中是非常重要的。以海軍為例，加強情報與作戰之間的聯繫，使作戰計劃（OPLANS）能夠根據主要威脅進行設計，而不會因預算的限制或先入為主的假設（如前所述），而在思維上自我設限。這些戰略分析師的任務，並不是專注於即時資訊、簡報，而是考量新興的威脅以及各種不同情境的劇本，這樣可以對假設想法做出質疑，並確保概念性軍事計劃（CONPLANS）與作戰計劃的決策，是基於戰略原則所考量的，這些決策應該基於美國的實力，以及力求將美國的相對實力最大化的角度來考量，來維持美國的主導地位，無論是針對當前或者是未來可能的競爭對手。

制定一個國家安全戰略，基本上這不是國防部的工作，而是國家安全委員會（NSC）的工作，這個國家安全戰略應該識別出與美國同等級的威脅，並動員政府作出回應。這必須超越國家安全策略、國家軍事策略（National Military Strategy）等已發表過的政策指導文件，或者應該出現在四年一度的國防綜覽報告（QDR）當中。透過情報以及作戰計劃方面的協調，可以改善國防部對同等級威脅的識別。

戰爭歷史學家崔佛．杜普伊（Trevor Dupuy）在其卓越的戰史著作中指出，在一八〇六年，普魯士於耶拿（Jena）戰役中遭拿破崙擊敗，吃下一場災難性的大敗仗，這個慘痛的教訓使得普魯士後來建立總參謀部，試圖將拿破崙的軍事指揮才能加以體系化。[57] 雖然普魯士被拿破崙狠狠上了一課，付出高昂的學費，但普魯士吸取教訓，透過總參謀部將軍事指揮能力加以體系化，到了十九、二十世紀，終於得以向柏林的敵人收取更高昂的學費。基本上，美國國防部也需要做類似的事情，美國必須將古羅馬政治家老加圖的洞見加以制度化。老加圖的洞見始終提醒我們，必須正視同等級競爭威脅，這樣美國才不會再因為「威脅貶值」而蒙受損失。如果無法嚇阻這個足以與美國匹敵的威脅，那麼就必須摧毀它。

中國已經達成哪些目標

中國的領導人應該要感謝美國給了這麼長時間的好運。其實，也要歸功於他們如此精心的策畫。美國以及其它西方國家的菁英，大量投資在中國的成長上，幾十年來滋養中國，這些菁英們賺取利潤、享受股東紅利，成為財富的象徵。中共的領導人原本無法想像事情竟然會這麼成功，甚至到了今天，美國國安的菁英當中還有人不願意對中國做出制衡動作，以免阻斷他們的發財之路。現在中共的領導人心裡一定在盤算著：「到此為止了，西方容忍的極限到此為止了。今後他們要制衡中國了。」在川普任內，他們當然要這麼擔心沒錯，但是在拜登任內，這項憂慮無疑又獲得減緩。美國將來是否能夠讓中國真的怕到？還有待今後的驗證。

拆穿鄧小平的政治作戰策略：潛伏的菁英俘獲問題

鄧小平於一九九二年採行「韜光養晦」的政治作戰策略，並察覺到可以讓美國的菁英來投資中國成長。隨著美國的商界與金融界對中國的經濟成長進行投資，他們便在美國國內政界以及國際影響力方面，成為中國強而有力的同盟。將中國的經濟成長與許多美國菁英的金錢利益掛鉤，這是個天才的策略。對中國的支持不只來自政界的菁英，還有媒體、娛樂業、基金、智庫的菁英，都在中國事務上以直接或間接的影響力發揮作用，在前國防部助理部長法蘭克·加夫尼（Frank Gaffney）的書中對這些有著詳細的紀錄。58

美國企業與華爾街透過對中國的投資發大財，而中國也運用財富來支持美國媒體與智庫。透過智庫的人員、研討會以及政策文件，形成觀念與前文提到的假設，成為美國政府做決策的依據。有太多的美國政客及官員，再加上企業、金融、媒體、學術、智庫與基金會等，都在中國的成長中獲利，因而支持與中國「接觸合作」，維持現狀才符合他們的利益。格蘭特．紐斯罕向本書作者解釋：「我很驚訝，美國從未察覺到鄧小平的『韜光養晦』是中共企圖對付我們的策略。這基本上就是在說，我們會成長茁壯，等準備好之後再收拾掉你們。」59

在界定中國威脅這方面，除了有美國企業、華爾街、媒體無疑構成嚴重阻礙之外，同樣的態度與金錢利益，也誘惑卸任政治領袖、內閣成員以及聯邦政府各部門官員。這些人自認是具有影響力人士，在許多情況下都成為美國對中政策的設計師。這批「菁英」人士在他們的職業生涯中學到一件事，只要他們沒被認定為中共的批評者，那麼等離開公職後，他們就可以擔任企業顧問為經營者提供諮詢服務，或者在開拓中國業務的智庫中擔任高級主管或資深顧問。這些菁英顯然被中共「俘獲」，利用他們來支持接觸政策，而他們則可以獲得直接的金錢報酬，或者以「中國的朋友」打響個人知名度。

以下這一則，堪稱是「菁英俘獲」的最佳案例，二〇一九年向《華盛頓郵報》投稿的一份聯名公開信〈把中國弄成美國的敵人是不划算的〉，作者包括麻省理工學院教授傅泰林（M. Taylor Fravel）、前美國駐中國大使芮效儉（J. Stapleton Roy）、卡內基國際和平基金會高級研究員麥可．史溫（Michael D. Swaine）、前東亞暨太平洋事務助理國務卿董雲裳（Susan A. Thornton），以及哈佛大學教授傅高義（Ezra Vogel）[60]

除了作者之外，這份公開信還獲得超過八十位人士的連署，來自學術、外交、國防、商業等各界群體，幾乎全部來自美國國內，包括職業生涯中一直涉及亞洲事務的人士。他們感到有必要對美中關係日益惡化的趨勢表達高度關切，認為這樣的趨勢不符合美國或全球的利益。

所謂「菁英俘獲」的證據，就體現在他們的「集體」觀點中，像是「我們不相信北京是經濟上的敵人，或者是我們必須在每個領域面對的生存性國家安全威脅；中國也不是鐵板一塊，不是一個由其領導者代表一切的單一結構」，或者「關於北京將取代美國成為全球領導者的恐懼，被過度誇大了。」[61]在數十年來一再宣稱解放軍距離實現基本的現代化還早得很之後，這份公開信的作者與簽署者又厚臉皮宣稱：「北京日益增長的軍事能力，已經侵蝕美國在西太平洋長期以來的軍事優勢。美國對此的最好回應，並不是在進攻性、深度打擊武器方面陷入無限度的軍備競賽，也不是在中國的領土問題上重新強調應由美國全面主導這種實際上不可能達成的目標。」[62]

這種失敗主義的心態、認為中國霸權無可避免的想法，無疑正是一項指標，證實三十年來在美國國安的疏忽下，鄧小平實施「菁英俘獲」大戰略的效果是多麼強大。[63]其實，這些姑息者的職業生涯路線，早已在季辛吉的規劃下安排妥當了，他開的顧問公司「季辛吉協會」（Kissinger Associates），自創立以來便開始帶領美國商業領袖前往北京。許多卸任的美國官員也跟著季辛吉有學有樣，例如柯林頓任內的國家安全顧問柏格（Samuel Berger，別稱 Sandy）創立「石橋國際」（Stonebridge International），該公司為中國提供諮詢建議。前國務卿馬德琳・歐布萊特（Madeleine Albright）創立「歐布萊特石橋集團」（Albright Stonebridge Group）、前國防部部長威廉・柯漢（William Cohen）創立「柯漢集團」、前美國貿易代表卡拉・希爾斯（Carla Hills）開設「希爾斯公司」（Hills & Co.）。老布希任內的國家安全顧問布倫特・斯考克羅夫特（Brent Scowcroft）創立「斯考克羅夫特集團」，還有前國務卿安東尼・布林肯（Antony Blinken ）在「西執顧問公司」（WestExec）擔任重要職務。但仍然是季辛吉協會扮演著主導的角色，還有幾間華盛頓的大型律師事務所提供協助。

因此長久以來，美國的菁英們對這樣的現狀感到滿意，美國的製造業被轉移到中國，因為那裡的勞動成本低，企業經營者不必擔心與工會的勞資糾紛。這為美國公司以及中共帶來豐厚利潤，也促進中國的經濟成長。當然，並不光只有美國，還有歐洲、加拿大、日本及韓國的公司也進軍中國製造業的行列，澳洲供應天然資源，美國在中東的盟友也供應能源。藉由成功俘獲西方菁英，源源不絕的西方投資確保中國得以成長，並且將部分財富回饋給西方菁英，從而緩和美國制衡中國，或許可以永遠杜絕。

這種中國的快樂時光將持續下去，直到中國的實力足以重塑國際秩序，推動自身利益，而無須擔心美國的制衡。中國將足夠強大，能夠威懾或擊敗美國，使美國無法阻礙中國的國家安全利益。川普政府的上台以及新冠疫情，打亂中國的如意算盤，但這麼一小部分因素，是否就能使中共的企圖從此受挫而走向失敗呢？仍是未知數。因為親中派的思維，在美國以及西方國家依然具有強大的影響力。

第四章

美國必須做的事

「我們將要對你們做一件糟糕的事，我們要讓你們少一個敵人。」

——喬治・阿巴托夫（Georgi Arbatov）⑧

本書所點出的種種問題，可以簡單歸結為一個事實，那就是美國的國安體制，上至總統，下至聯邦各機構的負責專員，在認知上都沒把中共當作生存威脅，並應用到美國對中國的外交政策。有鑑於此，本章將評估美國該做到哪些事情？如果美國有想要在這場競爭中生存下來的話。

正如前面阿巴托夫所說的那句話，蘇聯不再是美國的生存威脅了。一旦沒有這個威脅後，美國國安菁英就此「迷失方向」，只關注其它的事情，不再關注同等級競爭對手的威脅。[1]在過去的三十年裡，中共成功達到這個目標，在美國冷戰勝利後疏忽戰略、自大自

⑧譯註：喬治・阿巴托夫是蘇聯共產黨內的資深「美國主義者」，曾任蘇聯科學院美國與加拿大學院院士、蘇聯外交政策顧問。

滿的心態之下，對美國的國家安全造成嚴重傷害。

美國的國安菁英們現在該做的事，首先第一項就是承認過去的失敗，並且讓國家這艘大船迅速轉舵，依據強權政治的原則對抗中國，如果美國以及美國所代表的價值，想爭取機會在對抗中國的競爭中生存下來的話。國安菁英們必須要認知到，我們已經越過終結「歷史終結論」的門檻，進入到如同往常國際間運作「強權政治」的階段，國家將需要重新制定抗衡其它強權的戰略原則，在國防上重建軍隊、重新武裝，補充空虛的軍火庫以及戰略石油儲備。

基本上，今天美國所面臨的現實，就有如一位病人去看醫生，醫生發現他腹部有一顆癌症腫瘤，若不治療就會死亡。本書作者瞭解這個情況，並且明白任何人若得到這樣的診斷，都不會無視這件危及性命的事，即使害怕治療過程的痛苦。理解並接受診斷嚴重性的病人，應該會立即開始與癌症搏鬥，無論是用化療、放射性治療或者動手術。癌症病人知道，如果不遵循醫生開出的治療方案，他將會死亡。今天的美國，就是那位在醫院被診斷出患有癌症的病人，這個癌症就是遭到中共俘獲的菁英，必須從政治體系中加以切除與治療，治療過程將是複雜多樣且相當痛苦。

對美國國安圈而言，另一個合適的參照，就是國際性戒酒組織「戒酒無名會」（Alcoholics Anonymous）的「戒酒十二步驟」，其中第一個步驟是誠實地承認自己酗酒，美國國安圈首先該做的步驟就是承認失敗。他們失去美國歷代先賢們在戰略上所締造的美國治世。因此，無論是出於自動自發，或是跟隨新總統的領導，或基於國會授權，他們都必須承認自己辜負使命，未能認知到中國對美國造成的生存威脅。不但如此，還因害怕刺激中國，推動親中共學派的接觸策略，反倒強化美國所面臨的最強權安威脅。

第二項，美國人必須瞭解到，目前美國國安圈內部的權力分配，對於脫離親中派的方針是傾向抵抗態度的，如果將國家比為一艘大船，他們比較傾向將舵向重新轉到正中間的位置，並重新回到與中國接觸的航道上。

舉例來說，美國的外國投資委員會（CFIUS）設立於一九七五年，當初設立目的是負責帶領一項跨部門協調的工作，針對外國在美國公司的投資，進行國家安全評估。然而對於中國在美國的投資的問題，卻一直沒有妥善把關。在美國財政部的主導下，該委員會長久以來一直都只把重點放在經濟利益上。儘管在川普第一任時，CFIUS才開始變得更積極聚焦在國家安全上，但到了拜登任內，又重新轉回原來的方向，把重點放在審核美國公司對中國的銷售上。從一個案例可以說明這一點，在二〇〇二年，ＣＦＩＵＳ審查杜邦公司將可持續性材料的業務出售給一家中國公司。儘管國防部提出反對，但在杜邦「保證」其中不含技術轉移之下，這項交易仍然獲得ＣＦＩＵＳ的批准。[2] 這只不過是眾多案例的冰山一角，原本可以阻止重要技術轉移，但這些技術最終很多都落入中國人民解放軍手中，變成用來對付美國自己的軍事力量。

解決方案很簡單，將ＣＦＩＵＳ委員會主席的職位，從財政部移交給國防部。還有其它各領域的聯邦部門也可以比照辦理，這些部門將成為我們改變體制的戰鬥場所，因為親中派的支持者將會抵制這種結構性變革，來維護他們對權力的掌控。如果美國要能夠在中國的對美競爭計畫中生存下來，就必須對這種「權力壟斷」加以系統性解構，同時也可以預見一定會有來自親中派的抵抗。

第三項，可以預期的是，在外交政策圈中執行轉向，將需要花費數年的時間，而且過程中會持續遇到反作用力試圖轉回原本的方向。由拜登任內突然恢復高層級內閣官員訪問中國，就已經可以清楚看到這一點。不幸的是，美國並沒有幾年的時間可以用來導正航向了。這場對中國的冷戰與前一場冷戰不同之處在於，在先前對蘇聯的冷戰中，打造美國實力的戰略家們並不需要如今天這般，在國安圈內部受到這麼多抵抗力。

今天，許多美國的國安菁英，無論任職於政府內部或外部，都更有興趣維持他們與中國之間牽扯不清的關係，因此他們會積極反對採取措施去挑戰、對抗北京的全球擴張議程。

第四項，儘管本書已指出許多嚴峻的挑戰，但我們還是有理由樂觀的，因為獨立宣言、憲法，以及兩個半世紀以來的歷史，帶給美國偉大的力量。這段歷史基於個人自由、政府權力受節制，以及道德責任，已證明比中國更具優越性與可持續性，中共一黨專政體制的特色為邏輯混亂、暴政統治、已失敗的共產主義意識形態、集體主義、強制手段。

第五項，唯有立刻採取行動，美國才有可能戰勝這些內部以及外部的力量。有鑑於實力對比的天秤已逐漸朝向北京的那一邊傾斜，以及中共為實現「偉大復興」所設立的「時間表」，我們國家的領導人必須察覺，必須立即採取行動，來防止國家最終的毀滅。捍衛國家利益，抵禦中共發起的戰爭，必須列為最優先，並成為我們國家議論政治、選擇領袖時的核心議題。美國必須拋棄過去由親中派推動的政策，以及認為中國實力「還差美國數十年」的錯誤假設，我們的國家，我們整個政府的行動中，必須要上緊發條，注入迫切感和立即性。

第六項，如同在冷戰對抗蘇聯時，美國必須建立一個「B小組」來提高警覺與應對威脅。「B小組」創立於一九七〇年代，用來質疑情報單位對蘇聯的無害假設。「B小組」的專家來自學術界、產業界、智庫，以及前政府官員，提供替代性的視角，蘇聯具有侵略性，必須加以遏止。因此美國應該拒絕採用「低盪政策」，而應採取應對蘇聯威脅的政策。在「B小組」當中可以找到雷根對冷戰的解方：「我們贏，他們輸。」

對中國的「B小組」，也同樣需要包括產業界人才、科學家、談判專家、學者以及前政府官員，來針對中國威脅提供「及時修補」。一九七〇年代的「B小組」就有一個這種「及時修補」的模型，來識別各方面的問題，包括核武瞄準目標、核武指揮與控制系統、核武新科技以及戰略目標的生存能力等等，並提供可能的解決方案。[3]美國應該成立多個小組來識別問題，並在政治、外交、經濟、科技和軍事各領域中，提出應對中國競爭的即時解決方案。美國國安圈過去往往閉門造車地處理國家安全，軍事部門就只專注於軍事領域，經濟部門就只處理經濟問題等等。現在我們需要做的是，讓來自各領域的所有專家齊聚一堂，共同確定擊敗中共的目標，協調並設計出方案來達成目標。

第七項，同樣也是比照冷戰時，美國國安圈對蘇聯的軍事政策、戰略曾經進行過深入研究，來研判蘇聯投注資源在哪方面，正在發展什麼武器，該武器能夠用來進行哪些任務等。今天，美國同樣也需要熟悉解放軍的政策、戰略，並瞭解其投資研發注重在哪些方面，以及武器的開發及其適用的任務。關於這方面的資訊，也應該被帶到公眾視野當中，讓大家討論如何應對中國野心勃勃的侵略能力。

第八項，中國不加掩飾地發展核武首次打擊能力，因此作為因應措施，美國需要支持核擴散至日本、南韓和台灣，針對中國的戰略進行複雜計算。由於核擴散會帶來相當大的風險，尤其中國可能會有施壓的動機，包括以軍事行動來防止某國擁有核武器。但對於美國及這些國家而言，支持核擴散的好處，就是讓每個國家都擁有強大的威懾力量。所謂核威懾能力，是由以下這些力量所構成的：保證第二次打擊能力、指揮與控制體系的生存能力，也包括政治層面的考量，例如國家的意志力與威信，以及決心的對比程度，誰更重視這片領土。

維持東亞地區的穩定，有四個好處。首先，在東京、首爾、台北部署核武，如此一來如果北京攻擊他們，毫無疑問將會遭到反擊。這將可以在國家意志的對抗上，為日、韓、台爭取優勢。其次，美國延伸嚇阻，那麼相對地，北京可能有理由懷疑美國是否有決心會將延伸嚇阻的承諾貫徹到底，因此這些新的核武國家將可強化美國在東亞地區的防衛姿態。第三個好處，有了這些新的核武國家，中國朝向美國進行核子報復打擊的危險性就會降低。第四個好處是，可以降低中國威嚇脅迫這些國家的能力，而這些國家在面對與中國之間的領土主權爭議時，維護自身權益的能力可以獲得增強。在國家意志力的對比上，會加強這些國家的權重。

第九項，美國需要針對中共直接採取大膽果斷的行動。[4]這需要採取多元性的方法，包括逼中國退出在南海已獲取的領土，並挫敗中國未來進一步攫取領土（就像現在中國在仁愛礁的作為）的企圖。美國與盟友甚至應該準備將中國解放軍驅逐出在其它國家所建造的設施，例如吉布地、以及在柬埔寨興建中的雲壤基地。要使北京居於戰略劣勢，這些是必要的手段。但是美國應該攻擊的重心所在是中共本身，如此才能使中國人民以及全世界各國人民都知道中共不具有正當性，美國要與盟友以及中國人民合作，將中共驅逐出權力的寶座。這需要動用美國所能動用的一切資源與手段，包括將政治作戰列為重點，這點美國曾經在冷戰時期做得很好，然而卻在後冷戰時期任其荒廢。

各種多方面的任務必須整合，貫徹在國家實力的各相關層面，儘管「需要花很多年才能修復」是必須同意的事實，但不能因此阻礙拖延今日立即行動的動力。美國人必須在根本上察覺，自冷戰後，我們正首度處於一場關乎國家生存的戰鬥中。

第五章

你站在哪一邊

中共還是美國？

沒有比這更巨大的戰略失誤了，從來沒有哪個強權會犯這麼簡單的錯，這是歷史上不曾上演過的一幕，美國大力造就自己最強大競爭對手的崛起。可以說，美國在漫長的歷史上犯過最大的戰略失誤，就是忽視美中相對實力的變化。美國未能維持自己在國際政治中的基本利益，防止同等級競爭者的崛起。儘管這個錯誤大到令人難以理解，但美國人民必須面對這個已然發生的殘酷現實。

在冷戰後的餘波中，美國曾相信自己已處於黑格爾哲學式「歷史終結論」階段，強權間的競爭，往後將不復存在，美國將維持世界獨一無二的超級強權地位。美國根本不用顧慮中國未來的經濟成長，製造業向中國投資，技術與智慧財產權往中國轉移，都無所謂，戰略思維已不再是決策者的考量重點。年復一年，中國與美國之間的實力對比，逐漸朝向對北京有利的一邊傾斜。所有人都眼睜睜看著這件事發生，卻沒有人挺身而戰。實在有太多的美國菁英為此鼓掌叫好，從中牟利了。不計其數的中國專家、基金會、智庫中的歸化入籍者、矽谷與華爾街的權威，以及愚蠢的美國分析師、政策制定者，促使美國造成這場不可原諒的失敗局面，未能認清威脅。這場失敗的後果，造成美國目前面臨巨大的國家安全挑戰。集體的失敗使美國國安圈、美國人民及全球盟友背負一場新的冷戰，是一場代價高昂，勝負仍未定的戰爭。

令人感到可恥並且震驚的是，美國的決策者竟然努力創造出這個挑戰者。聽到實力對比變化對美國不利的警告，美國的決策者置若罔聞。相反地，美國政府、商業界、華爾街，以及學術界的中國專家，訴求推動強調合作的政策，主張「將中國納入國際秩序」並促進其發展，使其成為一個「負責任的利益相關者」。許多親中派的人士曾抱有一種利他主義的期望，認為中國會與西方合作，共同維護當前全球政治的自由秩序。也有人提出的建議是出於個人的貪婪。無論動機為何，對於中國一直存在著一種幻想，尤其是這個無從證明的觀念：「中國正變得越來越像美國。」舉個例子，內布拉斯加州的參議員肯尼斯·惠里（Kenneth Wherry）在蔣介石北伐統一中國時就曾這麼說：「在上帝的幫助下，我們將一點一滴地建設上海，直到它和堪薩斯市一樣。」[1]不幸的是，期待中國會成為一個「負責任的利益相關者」，已經變成近乎致命想法，就像「歷史終結論」那般要命。

這種路線非常天真，是一個持續性的巨大錯誤。鄧小平採行「韜光養晦」的政治作戰策略，就是讓中國以虛假的承諾來隱藏，並且在西方的規則與規範下耐心等待，來預防西方對中國採取制衡動作，並迅速發展經濟與軍事，然後創造一個新的國際秩序，取代西方的自由主義國際秩序。

儘管中國宣稱不稱霸，但它並不是一個安於維持現狀的強權。它實際上是一個革命性的強權，尋求對當代國際政治秩序進行根本性、永久性的變革。幾十年來，美國國安決策者一直都透過一種觀點來看待國際政治和美國的地位，認為世界走向民主和自由市場經濟是不可逆轉的趨勢。[2]這種理想化的觀點，對美國國安政策造成災難性的後果。事實上，至今仍然如此，因為此觀點仍然導致美國對中國擴張的反應延遲，若不加以修正，可能對美國造成致命的影響。「歷史終結論」這個思維範式在本質上是有害的。它不但錯誤，而且造成美國在思想上自我解除武裝，對美國在世界上的定位，採取過度樂觀、自滿自大的危險看法，同時也忽視戰略原則。這些理念還間接導致美國政治體系的唯利是圖與腐敗風氣。正如鄧小平所說的那句話：「致富光榮」，美國的菁英們當然一聽就懂囉。

在美國內部尋找弱點這方面，中國相當高明，低廉的製造業成本，對美國企業而言是無可抗拒的誘惑，這一點正如日本與南韓企業已經展現過的，況且中美還有更早時期建立過的軍事合作。一旦越過某個臨界點，那麼實質上就形成不可遏止的態勢了，就算有哪個美國總統想停止也辦不到。中國變成美國至今為止所面對過的最強大對手，我們必須要好好瞭解，冷戰結束後整整一個世代，如此巨大的中國造成「威脅貶值」的局面，究竟是如何發生的？美國若要擊敗中共，絕不可再次重蹈覆轍。

在中共領導的深謀遠慮下，精心策畫政治作戰的戰場空間。如前所述，在鄧小平的謀略下，中國相當高明地，甚至可說完美地隱藏自己的意圖及實力，來操控一個比他們強的國家。鄧小平設立的戰略原則，濃縮為二十四字至二十八字的箴言，⑨不但格局非常務實，並且深諳強權政治之道。由於當時中國的體質虛弱而不穩定，冷戰的結局與蘇聯威脅的消失，使中國在面臨美國以及民主化改革的壓力下，顯得十分脆弱，北京政權需要一個更有利於發展的條件。

因此，對於中共而言，選擇與美國對抗的路線並不是可行的選項。當時中國仍然不能算是一個強權，北京必須避免成為被鎖定的目標。鄧小平就此為往後中國與美國的競爭挑戰奠定基礎。他的戰略性敘事，成功讓西方無法將北京視為威脅。在周邊區域避免與其它國家（尤其是美國）發生軍事摩擦的同時，北京也積極在美國所創建的國際體系中，以新興崛起強權的角色尋求可利用的政治與經濟機會，而未受到嚴重的抵制。

也沒辦法怪敵人使用各種手段來欺騙美國決策者和美國人民，並利用美國的力量來助長其崛起。本書已經點出，問題出在過去三十年來的美國決策者身上，而美國的情報圈也失敗得一塌糊塗，導致美國面臨目前的危險局面。這是一個橫跨兩黨的失敗，無論是民主黨還是共和黨都應負責，因為兩黨都在某種程度上促進中國崛起，並且無法識破或者不願揭露中國的騙局及其真正的野心。

如果美國的國安利益以及自由秩序還有得救，那麼解救方法就是面對中國的挑戰並擊敗它。直到最近為止，衝突大體上一直都只是單方面的。中國大舉採取行動挑戰西方國家的地位，而西方國家的相對回應卻是寥寥可數、不痛不癢，甚至損害戰略利益。美國為何一直不制衡中國，最寬容的解釋就是美國一直沒搞清楚什麼是自己的國家安全利益。簡而言之，美國的決策者有著嚴重的觀念偏差，既不懂強權政治的基本原則，也未認知到維持美國首強地位以及擊敗共產主義意識形態威脅的必要性。

根本上來說，美國未能回應這一挑戰有三個原因：首先是美國與其它西方國家企業的

---

⑨ 譯註：九〇年代初，鄧小平所設立的戰略原則，濃縮為二十四字的箴言：「冷靜觀察、穩住陣腳、沉著應付、韜光養晦、善於守拙、決不當頭。」後來又增加一項：「有所作為」成為二十八字的箴言。

經濟利益。中國崛起，得益於能夠吸引西方企業進入中國市場的影響力，利用進入中國龐大市場的機會，來換取西方企業的知識、技術、流程。同時，中國也動用這些企業對其本國政府的影響力，來確保對中國的支持。其次，當中國無法從經濟合作中獲得想要的事物時，還會透過賄賂、勒索，或持續利用先進的網絡攻擊能力來竊取。第三，美國史無前例的「威脅貶值」造成中國崛起的原因在於，中國投射出「完全擁抱自由國際秩序、尋求成為一個負責任的利益相關者」的形象來偽裝欺騙，讓美國一直嚴重低估中國崛起的危險性。其代表的意義是，中國將改變國際政治，並有能力足以威脅長久以來美國所實踐的政治基本原則：個人自由、民意賦權、三權分立、權力制衡以及法律之前人人平等。

這些失敗迫使我們不得不在兩個方面進行反思。首先，作為歷史紀錄的重要一部分，要記下誰在什麼時候說過關於中國什麼（或中國威脅不存在）的話，並確保這種大錯特錯的分析與建議不再被採納。其次，美國國安圈的失敗，反映出美國普遍的道德墮落，以及中共計畫的成功。在一九九六年柯林頓競選活動中的腐敗開始浮出水面時，參議員鮑勃·多爾（Bob Dole）痛心地問道：「憤慨在哪裡？」他感到沮喪，因為似乎無人在意中國如何利用金錢影響柯林頓。道德譴責並不足以阻止柯林頓的連任。

以前在冷戰期間會引起美國人爆發的憤慨，從此更進一步消退了。今天，紐約的金融分析師可能會擔心一家公司是否涉及氣候變遷問題，但他們不會在乎該公司是否與中共有關聯。這情況必須改變。中國企業仍然在美國以及其它西方國家的市場上進行交易並籌集資金。這些事不應該被允許，因為這些資金正在被用來替中國建設解放軍等足以摧毀美國的力量。

甘地曾發起「退出印度」運動，迫使英國撤離印度，而一九八〇年代針對南非種族隔離政策也曾有過撤資運動，照此美國及盟國也可以發起「撤資中國」運動。撤資是有必要的，因為許多中國企業的獲利直接或間接與中國軍方有關，或者漠視中國人民的人權，並且從中國穆斯林集中營的強迫勞動中獲得利益。這些企業應該被驅逐出華爾街。

若美國人一直對中共的意識形態威脅及其反道德本質缺乏瞭解，那麼便很難實現美國所亟需的社會全面回應。有太多菁英喪失道德的指南針、不懂美國公民的責任和義務，對美國國安利益欠缺理解。或許，他們從來就不講這些原則。這是美國政府的巨大失敗，包括其中最重要的一項，就是沒在教育體系中好好教美國反抗暴政的歷史。太多人把中共當成夥伴了。他們盲目餵養著一隻鱷魚，而這隻鱷魚將會毫不猶豫地吞噬他們。可以從歷史學到的教訓，就是不要幫助你的敵人。光是依據這一項認知，就足以讓我們反對美國商業部長吉娜・雷蒙多（Gina Raimondo）試圖在中共面臨多項危機而非常脆弱的時候（包括重大經濟衰退），試圖拯救七千億美元的美中貿易關係[3]。這些危機可能對中共的掌權形成一大考驗，自一九八九年天安門廣場大屠殺以來，未曾再出現過這樣的機會。

然而，拜登政府非但沒有研擬加速中共垮台的策略，反而幫助中國避免經濟崩潰。二○二三年夏季商業部長雷蒙多以及其它拜登政府高層官員訪問中國，恰逢中共對權力的掌控可能鬆動的時刻，若中共垮台，中國人民與全世界人民便可獲得解救。布林肯、葉倫（Janet Yellen）、凱瑞（John Kerry）等人的訪問，名義上是為了重建「對話」，但實際上，這些訪問非常不得體，簡直有辱美國代表的身分。基本上，他們是在試圖讓美國的對中政策回到舊體制，這種舊體制過去已經持續著超過一整個世代。那就是季辛吉的親中國接觸派，我們在本書中稱之為「親中派」，在過去的三十年裡，他們認為與中國的合作、投資、知識轉移並無壞處，結果是年復一年，中國變得更強大，而美國則相對變得更弱。中共對他們而言是合作夥伴。

問題就出在這裡。親中派並不把中共當作敵人，相反地，他們把中共視為創造財富

（包括他們個人的財富）的忠實好夥伴。因此，對親中派而言，把美金投資在中國是一項好的投資，因為它會帶來更高的收益。不幸的是，資金未投資在美國所產生的成本與代價（包括機會成本）卻未被考慮到。而中共政府型態的邪惡本質，顯然更是完全沒被列入考慮。親中派並不認為與中共進行接觸是美國國家安全的障礙，反倒認為是助力。對這些「中共人」而言，中共的暴政是確保能夠獲利的政治穩定性，因此長久以來對於中共壓迫人民、嚴重違反人權，一直保持視而不見。

幾十年來大賺特賺之後，美國的這些菁英們，例如：季辛吉、雷蒙多、鮑爾森（Hank Paulson）、盧傑克（Jack Lew）、高逸然（Timothy Geithner）、歐倫斯（Steve Orlins）、羅奇（Stephen Roach），以及許多其它有賺到錢的人，都在幫助中國脫離由其自身失敗體系所造成的經濟危機，解除川普設下的貿易限制，並讓資金繼續流向中國企業。一如往常，幫助中共這個夥伴，只不過是生意上的利益罷了。

在二〇二三年九月十日，拜登在越南的一場記者會中，明確揭示回歸「一如往常繼續做生意」的路線，他說：「出於真心，我們並不想要傷害中國。如果中國發展得好，我們大家都會更好，如果中國遵守國際規則發展的話。這有助於經濟成長。」[4] 拜登政府試圖回到那種失敗的，而且對美國而言幾乎是致命的接觸政策，正如本書一再強調，這種路線是傾向中共立場，並顯示出他們的利益與中共一致，而非與中共相對。這使得拜登政府對立於那些尋求解放世界脫離國際政治中最大好戰根源、政治暴政的人。坦白說，這永遠不是美國政府應該處於的位置。實在令人納悶為何美國政府竟處於這樣的境地，正如他們試圖幫助中共，而不是試圖推翻中共，也很令人費解。

如果你視中共為敵人，那麼既然中共目前已面臨巨大壓力，現在正是在各個領域將施加壓力最大化的時候。有許多事情該做，但最重要的是，美國的回應必須是有組織條理的、重點式的、鼓舞人心的，並富有教育意義的。基本上，美國需要的是一個新的杜魯門主義，來援助任何對抗中共的國家、組織或團體。在一九四七年，因應蘇聯對希臘和土耳其的脅迫，當時的美國基於杜魯門主義的政策，宣告美國將協助任何抵抗蘇聯擴張的國家。杜魯門主義的價值在於其能夠認清敵人的本質，並強調所有美國人對抗該敵人的必要性，指導國安機關的行動，並與全球的正式盟友以及非正式支持者合作。

一個現代版的杜魯門主義，將可為美國政府與美國人民提供一個有秩序的原則，有助於美國與世界各國合作，組織起針對中共的因應措施。拜登政府就是缺乏這樣的聚焦以及一貫性。現代版的杜魯門主義，將可提供常規性武器的威懾力，來確保台灣擁有對抗中共入侵的必備能力。新的杜魯門主義將提升與菲律賓（它是已與美國簽有條約的盟友）並肩作戰的必要性，協助他們抵抗中國近期在黃岩礁的侵略行動，並進一步加強與菲律賓的合作，逼中國退出在美濟礁與黃岩礁非法占領的菲律賓領土。在經濟領域，這樣的明確表態將有助於華爾街、紐約金融市場與中國脫鉤，確保中共及所有中國（包括香港）的企業實體一分錢都拿不到，並朝著結束與中國貿易的方向邁進。在內政領域，現代版杜魯門主義將幫助美國人民理解中國是敵人，並清楚區分誰在支持敵人？誰希望擊敗敵人？這是很清楚的問題，你站在哪一邊，是美國還是中共？這對每個美國人而言，是與冷戰時期一樣迫切的問題，自由與民主 vs 控制與奴役。

美國人民與美國的外交政策不能繼續再走這個方向，國家遭到一群菁英分化，這些菁英仍然試圖支持中共，並放任自己濫權、濫政、壓迫，導致美國平白錯失戰略機遇。相反地，對美國面臨的威脅有所認識的人，會善加利用戰略機遇。拜登的無所作為，等於就是在中共處於重大危機的時刻救了它。如果美國平白放過這個機會而不採取任何行動，那麼美國對中國的相對實力，仍將繼續下降。

對美國而言，目前採取行動仍為時未晚。如果要保住美國的領先地位，美國必須挫敗中國的野心。這將需要遵循本書所揭示的強權政治與戰略原則。同樣重要的是，也必須要在戰略分析上察覺到就算擊敗中國，也不會是最終的勝利。國際政治中沒有最終勝利，因為相對實力永遠在變動，而且有時變動非常迅速，正如世界眼前目睹的中國崛起。有鑑於此，美國為維持優勢的實力對比，需要靠情報圈和國安決策高層，始終對強權之間的相對實力保持高度敏感。

如果美國在對中國的戰鬥中取得勝利，那麼美國或許又將進入一個與未來其它強權競爭的新時期。因此，美國必須要吸取教訓，記取在中國崛起的過程中所犯過的嚴重錯誤，來預防或嚇阻一個新的同等級競爭挑戰，同時也要推動並維持在印太地區以及全球範圍的其它戰略利益。所有與潛在競爭對手的互動，都必須要由戰略原則來指導，需要敏銳觀察強權之間的相對實力。美國在各個領域的決策者，包括外交、經濟、軍事、技術等，都應不只關注「各方均獲得利益」，還應該關注交易或合作當中「哪一方獲得更多利益」。美國必須專注將重點放在採取必要的政治和軍事措施來維持主導地位。美國決策者永遠不能再讓貿易與經濟利益削弱美國的長期戰略利益。

如同前文強調過的，美國必須進行清算，檢討為何允許自己失去一九九〇年代擁有的戰略主導地位，以致面臨今日這般局勢。為了避免重蹈覆轍，必須解決以下三個問題。

第一，美國必須將強權實力對比作為評估威脅的主要重點，同時也要對軍事援助、合作協議、技術轉讓審慎考量。對強權實力對比的關注，必須成為美國國務院（相當於外交部）、國防部、財政部、司法部、能源部及商務部等各政府部門，以及廣泛國安全圈始終遵循的鐵律。這項鐵律還必須用於規範智慧財產權相關部門、技術創新機構以及美國商業和金融市場的行為。

第二，美國國安圈應該加強發聲，成為推動國家實力的支柱，最重要的是推動教育，講授關於強權政治的原則與歷史、共產主義的歷史與意識形態，以及美國領導地位的價值。需要在專業軍事教育中進行這些主題的教學，並體現在各軍種的專業期刊中。軍官教育的其中一項關鍵要素，是透過強權政治的觀點來看待國際政治，並對相對實力有準確的認識。

第三，有鑑於美國過去政治領導的怠忽職守，美國該學到三個重要的教訓：①美國絕對不能再犯下「威脅貶值」的致命錯誤。②國家領導者與菁英必須察覺到強權政治永無止境，沒有終點，強權之間的實力對比始終變化不已。③美國的國家安全體制必須迅速妥善調整，來擊敗下一個崛起的威脅。美國與任何強權之間的關係，不僅應基於中國威脅來定義，還應該基於擊敗中國後贏取的和平來定義。美國國安體制一直未能展示出足夠的智慧與靈活性來因應強權政治的循環，從同等級威脅的崛起，之後以美國與盟國的實力將其擊敗，然後勝利聯盟的成員很可能成為美國的下一個同等級威脅。中國正是現成的例子。

美國的戰略思維中存在一種傾向，那就是會以目的論的角度來看待國際政治，擊敗威脅證明美國的優越性，這種思想會使得美國放鬆甚至不再關注其它強權造成的安全問題。只要這一點沒被修正，美國仍然容易受到「威脅貶值」的影響，只會給自己再度帶來同等競爭者的重大挑戰，帶來巨大的風險。與其等到對手強大，不如先做較容易的任務，預防同等級國家的崛起。

採取這些行動將需要花費相當長的時間，光是改革聯合專業軍事教育，就需要時間來改變管理單位、教授、課程與教材，但美國還是必須立即開始行動。基本上，美國政府與菁英必須進行一場戒毒計劃，打破對中共的依賴。這必須是整個政府及全美國的菁英們對此問題的回應。可以預期，回應動作將會是不平衡的，國安圈內會有部分人士迅速回應，但因循的惰性以及謀利的慾望，仍會是抗拒改變的強大阻力。光是這些原因，就足以使美國政府的其它部門，以及美國社會，更加難以改變。

如果發生重大危機或者戰爭，那麼中共將會暴露其真實面目，或許唯有到了那時候，美國社會的所有菁英才會認真對中國威脅做出正確的評估。如果爆發戰爭，那麼今日推崇接觸政策的人將會面臨激烈的、充滿憤怒的責任追究。這將會付出可怕的代價，我們希望能夠避免這種情況。

事實上，本書的目標之一就是喚起人們對這些問題的關注，在發生如一九六二年古巴飛彈危機這種重大危機，或一場有限戰爭、甚至全面戰爭之前解決問題。為了在這些可怕的事件發生前進行必要的改革，將需要再次當選的川普總統等新的一群美國領導識別敵人，持續鎖定敵人，需要政府與菁英作出因應措施。這是一項艱難但必要的任務，是必須立即執行的任務，因為自川普第一任之後，光是失去的時間本身就造成代價。

最佳的解決方案不外乎要為國家確保一群新的領導菁英，當然還包括一群新的國安菁英，他們懂強權政治，理解為何國家實力對比是國際政治的原動力，並且瞭解共產主義的意識形態，從而掌握美國所面臨的威脅其真正本質為何。然而，自一九九一年以來，很多事情已經改變，美國菁英也不例外。商業界與金融界的菁英在推動對中投資以及協助中國崛起方面，發揮重要作用。他們是親中派的核心群體，一直尋求在中國獲利，並運用他們的財富影響著美國政治。

隨著冷戰的落幕，美國對於共產主義的知識變得比以往更生疏，從而產生一批在意識形態上對中共抱持正面看法的菁英。這些菁英要嘛就是推崇中共的「高效率」，像是馬斯克或比爾蓋茲可能就屬於這種，要嘛就是支持共產主義，並喜歡中共的社會控制，像是湯馬斯．佛里曼（Thomas Friedman）或保羅．克魯曼（Paul Robin Krugman）。他們追求讓中共的極權主義也能夠在美國實現。民主黨內崛起的「進步派」，有許多目標與中共是一致的，他們已經拋棄美國自一七七六年以來作為立國基礎的自由政府原則。

因此，親中派的菁英群體，在美國菁英中擁有壓倒性的支持度。美國菁英中有非常多人贊成與中共進行接觸，但贊成摧毀中共的人則遠遠少得多。因此我們得出結論，這個國家需要一群新的菁英，擁有不屈不撓的美國精神、具備常識、具有執行力、堅忍不拔，能夠瞭解中共威脅並致力於終結它。對於這一目標能否輕易實現，我們並不樂觀，但它將會實現，因為當前的分裂局面是不具可持續性的。

戰爭的發生或者親中派的「舊政權」崩潰，將會解決這個問題。這種深刻的緊張局勢，絕對不可能是以親中派的勝利來結束，因為他們支持中國的程度越高，就越是替中共壯膽，從而使戰爭變得更可能發生，而且會發生得比預期更快。這是因為只要中共越強大、越安全，就越有可能實現他們的目標，也就是擊敗最主要的敵人「美國」。這是他們在一九四九年掌權之前老早就已經有的目標。正如我們所強調的，這場戰爭對各方而言都將是可怕的，但終將在國際上導致中共的敗北，以及美國國內親中派的失敗。

我們抱持樂觀的態度，美國人民將會擁抱這些戰略原則，將國家的實力武裝起來，擺脫親中派的束縛，迅速採取擊敗中共的行動。由於中共意識形態本身的弱點，美國是可以戰勝的。很顯然，美國必須立即扭轉拜登政府那些尋求與中共進行不負責任的對話，如奴隸般唯命是從地依賴中共的政策。拜登政府與北京進行對話的需求，說明拜登政府是多麼缺乏戰略思維。

基本上，戰略的價值在於告訴你如何取勝。戰略的基本假設是你有需要推動的利益，並且需要保護這些利益免於威脅。中共就深諳這一點。中共視美國為敵人並據此行動。看得更深一點，拜登政府就有如關在親中派思想牢籠中的囚徒。拜登政府不願接受中共是美國敵人的現實，因此拜登政府的行動，看起來像是以為美國可以改變中共對自身利益的理解，但中共的利益就是擊敗美國，這與美國的利益相對立。拜登政府不願承認這個勝於雄辯的事實，中共是美國的敵人，在印太地區以及全球範圍威脅著美國的國家安全。

從根本上而言，這場對抗是零和遊戲。正如普魯士的腓特烈大帝（Frederick the Great），談到奧地利繼承戰爭與七年戰爭期間，與奧地利女王瑪麗亞・特蕾莎（Maria Theresa）之間相互爭奪西利西亞（Silesia）時所說的：「並沒有什麼誤會，我們雙方都想要西利西亞。」同樣的描述，也適用於南海、台灣、中美爭霸，關乎是由中國或者美國來定義二十一世紀的政治價值觀。

美國必須要有一個足以致勝的戰略。美國身為超級強權（superpower），必須表現出像個超級強權的樣子。如果要說拜登政府所重視的對話，還能有什麼價值的話，那除非這個「對話」是向中國傳遞一個訊息：「你們將會輸掉這場戰爭。美國與中國的鬥爭將會決定二十一世紀由誰說了算，將迫使美國動用一切手段。」

總而言之，美國需要一場戰略思維的復興。如果說，中美冷戰能有什麼正面意義的話，那就讓國安圈重新找回強權政治與戰略原則的必要性。這需要相當的投資來支援聯合專業軍事教育、基金會、智庫、學術研究做出必要的改變，浴火重生。

美國要求勝，將需要採取許多步驟，最重要也最基本的步驟是激勵美國人民與盟友理解、投入並持續這場戰鬥。如何解釋美國人民為何而戰？那就是對於美國的歷史、美國的能力，以及對於西方文明社會所抱持的信念。美國的輝煌歷史以及西方文明的卓越成就，數個世紀以來，已經證明能夠維護政治原則、維持生存而屹立不搖的自信心，儘管如今又再度面臨新的考驗。相比之下，敵人擁有的文明自信心要低得多，因為中共本身就是西方的衍生性產物，其文化受困於崇拜西方與憎恨西方兩者之間的嚴重精神分裂。其結果是，中國在本質上是自相矛盾的，面對分化策略時是脆弱的。

從戰間期（第一次與第二次世界大戰中間）英國的經驗中，可以汲取一個相關的教訓，短短二十年間，英國從一九一八年的勝利走向一九四〇年的失敗。從歷史的觀點來看，近年來的美國，簡直就像是學英國在一九一九年八月宣布「十年規則」（Ten-Year Rule）一樣。英國的決策者在國防規劃中，假設未來十年不會爆發重大戰爭，因此對國防支出的控制非常嚴格：「應該假定大英帝國在未來十年內不會參與任何重大的戰爭，因此不會有派遣遠征軍的需求……陸海空軍的基本功能是駐防印度、埃及、新的委任統治地，及其它所有非自治的英國領土。」[5] 當時英國沒有資金可用於軍事擴張、武器創新、聯合作戰訓練，或為未來的遠征戰爭做好準備。

接下來的二十年裡，國防預算的凍結造成嚴重的後果，是英國軍隊現代化程度不足，對第二次世界大戰欠缺準備的主因。在英國國王與政府看來，第一次世界大戰的結束意味著使命已經達成，已經把所有要打的戰爭都打完了，今後英國軍隊的任務就是駐守帝國領土而已，因此無論就政策面、財務面或軍事層面而言，已無需再考慮、規劃未來的戰爭。

這對英國國內的軍火工業產生災難性的影響，並讓看管國庫的財政部在國家安全的考量中擁有最終決定權。不僅如此，這還對英國戰爭部（War Office）進行戰略規劃以及軍事理論發展產生巨大的負面影響。這個「十年規則」持續生效，直到一九三二年對英國造成毀滅性的後果。英國之所以在一九三九年未能為戰爭做好準備，主要歸咎於前二十年國防規劃與財務規劃上的錯誤。

一九三九年走向戰爭的過程，讓英國「戰時內閣秘書處」（War Cabinet Secretariat）的軍事主席黑斯廷斯・伊斯梅將軍（Hastings Ismay）深感憤怒，他在回憶戰爭爆發前夕時說道：「我既不感到害怕，也沒有亢奮的情緒。但我卻非常憤怒，除了責怪納粹以外，也為我們感到自責。距上次德國佬俯首稱臣才短短不過二十一年，現在他們卻已掐住我們的脖子。我們怎會如此懦弱、疏忽，以至於讓這種情況發生？陣亡將士紀念碑就離我們辦公室門口不遠，每次經過時我都感到愧疚，因為我們這些在第一次世界大戰中倖存下來的人，已經辜負那些為國捐驅的人……他們相信自己是為了結束所有戰爭而奮戰，並因此付出生命。現在，他們的兒子、孫子即將被送上屠殺的戰場。」6

在一九一八年，英國贏得戰爭，但失去和平。經濟與財政凌駕於戰略之上，財務部決定國家安全的範圍。在類似的歷史情境中，一九九一年美國贏得冷戰，本應享有美國治世下百年的太平，然而結果卻像英國那樣，經濟與財政凌駕戰略。就像英國當年一樣，目前美國正處於失去和平的邊緣。像英國一樣，美國也辜負前幾代先輩的信任。而跟英國不同的是，美國還犯下一個更大的錯誤，美國實際上資助敵人，而且目前仍在繼續資助，讓中國的企業能夠在紐約市場上募集資本。

雖然美國並沒制定「十年規則」，但在實質上，美國卻有類似於「三十年規則」的東西。美國並不像英國那樣缺錢，但像英國一樣的是，缺乏對強權政治的理解與想像力。與英國相似的是，在美國戰略思維的這個「大冰河時期」（一九九三年起至今）中，軍事遠征以及針對強權戰爭的準備工作進入冬眠期，儘管在二〇一七年的《國家安全戰略報告》（*National Security Strategy*）和二〇一八年的《國防戰略與核武態勢總覽》（*National Defense Strategy and Nuclear Posture Review*）中，出現一些小範圍的解凍跡象。

美國即將失去一九九一年（冷戰結束）所贏得的和平，由美國的行為來看的話也沒什麼好驚訝的。伊斯梅將軍當年怒問：「為何英國政府竟如此懦弱、疏忽，讓局勢發展到如此嚴重的地步？」這個尖銳的問題，也一樣適用於今日美國公眾以及國安圈。

如果美國覺悟到，過去未能防止敵人崛起是個徹底的失敗，那麼就還有機會能夠復興美國的戰略思維。現在，既然美國面對的是實力對等的敵人，美國必須投入如二戰後那般的能量和專注來應對。當時美蘇冷戰的迫切需求，不只使美國將強權政治的原則應用於國防政策，也迫使美國創造新的戰略思想理論體系，例如核威懾理論，並深入研究俄國、蘇聯歷史以及共產主義思想。

時至今日，美國應對中國威脅，並不需要構建全新的戰略知識體系，因此當今的智力負擔比一九四〇年代中後期要來得輕。所需要的，只是重新發現並應用過去的戰略智慧。正如文藝復興時期重新發現古典思想的智慧，我們所呼籲的「美國戰略思想復興」，將會是運用美國歷代先賢過去面對強敵時所展現的智慧。

二戰後，美國的領導層提供相應的環境，例如最初二十年的蘭德公司（Rand），以及早期的ＣＩＡ，發揮的功用是解決冷戰早期的戰略問題。今天，美國國安圈的文武領導階層再次需要一個環境，重新找出克敵制勝的強權政治原則與戰略。

最後，同時也最重要的是，本書的目的是喚起美國公眾對中共野心、策略及戰術的關注。中共企圖以政治作戰策略摧毀美國的根基，包括在意識形態上攻擊美國建國先賢約二百五十年前形成的政治原則與價值觀。美國個人權利、全民同意（consent of the governed）的觀念，與中共推崇的集體主義、國家凌駕個人的威權，是互相對立的。非常長久以來，美國的菁英們有的將這個自由的基礎當作是無需爭取就從天上掉下來的，或有的實際上把共產主義的教義當作是最佳的治理形式。這一點今天已被證實，因為這個國家正受到美國馬克思主義者（American Marxists）的襲擊，他們企圖讓美國陷入錯亂而脫離固有的意識形態以及制度基礎，其政見包括最高法院大法官增額、分出更多新增的州、摧毀邊界、破壞選舉權的完整性，還有最糟的是企圖把政敵送進監獄。美國公民應該要明白中共的計畫與美國共產主義者的計畫是一致的。

作為結語，當今美利堅合眾國值此危急存亡之秋，在國內政治面臨意識形態動盪，同時又與中國對抗的內憂外患下，本書力求喚醒大眾必要的警覺，這對於拯救美國於險境，是至關重要的。美國必須與關乎存亡的敵人戰鬥，不光是在國際政治領域對抗，同時也是在美國內部抵抗中共滲透美國政府機關、經濟與社會，對抗中共實質上的盟友「親中派」。事實上，中共是一個不合法的政權，猶如泥足巨人般，根基脆弱。如果美國人能夠在認清威脅、奮起對抗的問題上團結一致，並與中國人民以及全球的善意人士合作，那麼中共就有一天會如蘇聯般垮台。若如此，對美國以及國際和平的最大威脅將得以消除。理解問題是必要的，領導力是必須的。現在該是時候採取行動了。

附錄

請保持抗中路線：給川普總統的一封公開信

親愛的川普總統：

在我們美利堅合眾國獨特偉大的歷史上，歷經數代人，一次又一次地在面臨挑戰時起身奮戰，捍衛並延續我們建國的理念，擊敗那些威脅我們及盟友自由與生存的敵人。今天，我們這一代美國人同樣面臨挑戰，也需要做同樣的事，因為我們遭遇到「中共」這個越來越危險的凶狠敵人，這個敵人並且以暴政統治著「中國」。

中共已經暴露出他們的野心，與美國的戰略利益作對，中國正逐漸採取行動步步進逼，禍害美國以及盟友。過去的四十年以來，美國一直訴求與中國「接觸」的開放性政策，這在實質上逐步侵蝕美國的國家安全。

不能任由這種狀況持續下去了！

中國並不是如我們所希望的那樣。在我國的政治體系當中，政治屬於常態，而戰爭則屬於例外。在中國的世界觀，很顯然是剛好相反的。進一步來說，對於目前這個危險的失衡局面，我們必須要更清楚瞭解並加以處理。

為了對中國破壞美國及盟友利益的行動加以反制，您採取強而有力、廣泛且一致的替代政策，我們（如信末所有連署者）深感鼓舞。我們鼓勵您繼續堅持對抗共產主義中國的路線。

我們認同並支持您強而有力的國家安全戰略，清楚揭示出美國必須對抗中國的理由。反對專制暴政的擴張，完全符合美國的建國理念，以及我們的光榮傳統，捍衛自由與民權，不僅在美國國內捍衛，必要時也會在國外捍衛。

我們注意到，中國不承認現行的國際秩序原則與規範，也就是美國主導的秩序即「美國治世」，它造就人類歷史上最偉大的和平時期與全球繁榮。中國在意識形態上與實際作為上，都拒絕承認這一秩序。中國的統治者還公開堅持主張另一套新規則，要其它國家遵守，他們試圖掌控東海與南海，還有所謂的「一帶一路倡議」，利用債務陷阱進行外交，企圖將霸權擴張至全球。中共唯一保持一貫不變的原則，就是維護並擴張其實力。

關於過去四十年的中美關係，許多美國外交政策專家並未準確評估中國的意圖，或者拿中國難於統治十三億人口作為藉口，開脫中共種種應受譴責的作為。這些中國接觸派的支持者一而再、再而三地告訴美國政策制定者，只要中國經濟充分達到現代化水準，中國將會成為一個「負責任的利益相關者」。然而這並未發生，只要中共繼續統治中國，這種事就不可能發生。

中國一直系統性打壓宗教自由、言論自由，包括在新疆監禁一百萬人以上的公民，而且持續打壓香港的自治權。中國還經常違背應當遵守的規範與義務，包括WTO的規範、航行自由、對南海珊瑚礁的保護等。北京要求中國人民與全世界接受他們的虛假陳述和辯解，其內容之荒謬，有如歐威爾小說的描述般。

中國人民共和國從來不是，也永遠不會是和平的政權。它利用經濟與軍事力量，也就是所謂的「綜合國家實力」對其它國家加以恫嚇、霸凌。中國威脅要發動戰爭攻打自由民主的台灣。

中國正在全球擴張其影響力，以經濟利益的承諾來攏絡美國的同盟以及其它國家，藉自由貿易之名，行威權資本主義之實，漫無限制地使用貪腐手段做生意，將國家控制的企業實體冒充為客觀的學術、媒體機構，在與各方簽訂的貿易與發展協議中缺乏互惠、透明度與可持續性。中國伸出的手碰觸到哪裡，腐化就到哪裡。

這個擴張主義並不是偶發性或者一時性。有很多名字可以用來稱呼中共的野心，最近的幾個叫做「中國夢」、「偉大復興」、「命運共同體」。中共所設想的「夢」，正是中國人民以及全世界的惡夢。

我們堅定地支持中國人民，他們之中大多數人是希望和平生活。但我們不支持中國的共產黨政府，不支持危險的習近平領導集團。我們歡迎總統您所採取的方針，反制習近平政府，並且有針對性地將美國經濟與中國脫鉤，以防美國經濟在中國的陰謀下進一步遭到弱化。無論美國與中國在外交、經濟或軍事上的「互動」再密切，也無法改變中共的大戰略。

如果外交的成功有明確的指南，那就是當美國領導時，世界各國會跟隨。從歷史當中可以學到，在對付像中國這樣的生存威脅時，在明確的領導以及堅定的信念下落實您的政策，將會引領美國的盟友跟隨。

中國當下的策略就是遲滯、拖延，拖到您的總統任期結束。因此，美國必須力求將現在的政策及政府職能加以體制化，這些政策能重新平衡我們與中國的經濟關係，與志同道合的民主國家加強同盟關係，而最終能夠挫敗中國壓制民主自由的全球性野心。請您掌好舵，維持國家的航向！

本公開信英文原版內容以及連署人名單，請見以下網址：

www.jpolrisk.com/stay-the-course-on-china-an-open-letter-to-president-trump/

致謝

本書的完成受到了許多人的協助：史蒂芬・班農（Stephen K. Bannon）鼓勵我們將論述進一步深化並且提供了出版的管道。我們有幸能訪談多位對本書論述主題具有見解的人士，他們提供了非常精彩的評論，我們要感謝保羅・伯克維茲（Paul Berkowitz）、奧拉佛・比昂森（Ólafur Björnsson）、佩皮・德比亞索（Peppi DeBiaso）、金德芳（June Teufel Dreyer）、瑞克・費雪（Rick Fisher）、比爾・戈茨（Bill Gertz）、韓連潮（Lianchao Han）、布萊恩・甘迺迪（Brian Kennedy）、查爾斯・庫珀曼（Charles Kupperman）、約翰・倫佐斯基（John Lenczowski）、格蘭特・紐夏（Grant Newsham）、凱文・羅伯茲（Kevin Roberts）、威廉・崔普雷二世（William Triplett）和林霨（Arthur Waldron）。

我們感謝東尼・萊昂斯（Tony Lyons）一路以來對本書的支持，以及傑森・凱茲曼（Jason Katzman）、史蒂芬・茲古塔（Stephan Zguta），還有美國天馬出版社（Skyhorse

Publishing）的製作支援團隊。我們也非常感謝馬克・阿蒙森（Mark Amundsen）細心的文字編輯，以及湯瑪斯・柯爾（Thomas Kerr）慷慨授權使用三十年前的插圖（本書的圖1）。

最後，我們兩位作者要感謝自己的太太柯奈莉亞（Cornelia）、艾克（Eike）以及家人，感謝他們讓我們能夠投入時間完成這本書。

註釋

第一章

1. James Fanell, "Asia Rising: China's Global Naval Strategy and Expanding Force Structure," Naval War College Review, Vol. 72, No. 1 (Winter 2019), pp. 33–36. Available at: digital-commons.usnwc.edu/cgi/viewcontent.cgi?article=7871&context=nwc-review. Accessed: July 14, 2023.
2. 關於對抗中國的政策：Lianchao Han and Bradley A. Thayer, Understanding the China Threat (London: Routledge, 2023); John M. Friend and Bradley A. Thayer, How China Sees the World: Han-Centrism and the Balance of Power in International Politics (Lincoln: Potomac Books, 2018). Also see John M. Friend and Bradley A. Thayer, "China's Use of Multilateral Institutions and the US Response: The Need for American Primacy 2.0." in Kai He and Huiyun Feng, eds., China's Challenges and International Order Transition: Beyond the "Thucydides's Trap" (Ann Arbor: University of Michigan Press, 2020), pp. 259–279.
3. 為了維持這一地位，美國國安決策者必須察覺，實力是國際政治中最重要的工具。雖然絕對實力具有重要性，但更為關鍵的是國家的相對權實力，亦即國家與其它國家的實力對比中，處於何種地位。如果美國選擇這麼做，強大的軍事、經濟、科技和文化實力將能繼續在全球政治中保持領先地位。

第二章

1. Robert B. Strassler, ed., The Landmark Thucydides: A Comprehensive Guide to the Peloponnesian War (New York: Free Press, 1996), p. 352.
2. See Lothar Gall, Bismarck: The White Revolutionary, vol. 2: 1871–

1898 (London: Allen & Unwin, 1986), p. 40; and Erich Eyck, Bismarck and the German Empire (New York: George Allen & Unwin, 1950), pp. 187–188.

3. Imanuel Geiss, German Foreign Policy, 1871–1914 (London: Routledge & Kegan Paul, 1976), p. 26.
4. Bismarck, Dictated note, n.d., in W. N. Medlicott and Dorothy K. Coveney, eds., Bismarck and Europe (London: Edward Arnold, 1971), p. 178.
5. 更深層面的考量請見 Robert Powell, In the Shadow of Power: States and Strategies in International Politics (Princeton, N.J.: Princeton University Press, 1999).
6. 沃爾茲主張威脅的程度取決於四項要素：軍事實力、地理距離、攻守平衡性（易守難攻或者易攻難守）以及侵略意圖。關於國際關係制衡理論，重要著作包括：Stephen M. Walt, The Origins of Alliances (Ithaca, N.Y.: Cornell University Press, 1987); and Kenneth N. Waltz, Man, the State, and War: A Theoretical Analysis (New York: Columbia University Press, 1959); and Waltz, Theory of International Politics (Reading, Mass.: Addison-Wesley, 1979).
7. 儘管這個情況對於中國來說不太可能真的發生，因為實力平衡理論忽視了意識形態，而意識形態正是中國侵略行為的主要原因。其它國家，如日本和南韓，對美國也具有無可替代的價值，能作出重要貢獻。而且，三極格局將有其本身獨特的動態，可能比兩極格局或十八、十九和二十世紀歐洲傳統五強多極格局更加不穩定。
8. 這項論述出自沃爾茲國的際關係理論：Waltz, “International Structure, National Force, and the Balance of World Power,” in James N. Rosenau, ed., International Politics and Foreign Policy (New York: Free Press, 1969); and “The Emerging Structure of International Politics,” International Security, Vol. 18, No. 2 (Fall 1993), pp. 44–79.
9. Jane Perlez and Grace Tatter, “Shared Secrets: How the U.S. and China Worked Together to Spy on the Soviet Union,” WBUR “The Great Wager” Podcast, February 18, 2022. Available at: www.wbur.org/

hereandnow/2022/02/18/great-wager-spy-soviet-union. Accessed: July 30, 2023.

10. 《紐約時報》特派員 Patrick Tyler 聲稱 CIA 在北京設立了一個學校，向解放軍的情報機構傳授設備使用方法。新疆的天山山脈、烏魯木齊設有監測站，以就近對蘇聯的塞米巴拉金斯克核試驗基地 (Semipalatinsk) 進行監測，這些監測站對中國有特別高的價值，可以藉此蒐集蘇聯中亞到東亞地區的 KGB 情報資訊、空管、軍事通訊，以及蘇聯傳統武力、核子武力方面的情報。尤其是可以加強中國針對蘇聯首波核打擊的早期預警。見：Patrick Tyler, A Great Wall: Six Presidents and China an Investigative History (New York: Century Foundation, 1999), pp. 284–285.
11. 克里斯多福發言引述自 James Mann, About Face: A History of America's Curious Relationship with China, from Nixon to Clinton (New York: Knopf, 1999), p. 109.
12. Mann, About Face, p. 111.
13. Mann, About Face, pp. 111–112.
14. Han and Thayer, Understanding the China Threat, pp. 59–60.
15. 有關美國國家安全第十一號以及第十二號政令 (NSDD 11 and 12)，見白邦瑞 Michael Pillsbury, The Hundred-Year Marathon: China's Secret Strategy to Replace America as the Global Superpower (New York: Henry Holt, 2015), p. 73.（《2049 百年馬拉松：中國稱霸全球的秘密戰略》）該書作者白邦瑞提到，雷根援助了中國國有機構在「基因工程、自動化生產、生物科技、雷射、太空科技（包括載人任務）、智慧機器人」等多項領域專門技術。雷根甚至批准了中國軍事代表團訪問美國國安的核心資產之一：「先進國防科技研發局」(Defense Advanced Research Projects Agency)，引述自該書第 73-74 頁。
16. 儘管美國曾在 1920 年代至 1930 年代曾有商業投資進入過蘇聯。在這段期間，蘇聯實行新經濟政策（NEP）並發動了第一個五年計劃（1928 年起），蘇聯購入了外國的生產設備，尤其在電機、拖拉機、重工業領域。以美國人為主的外國專家指導蘇聯工程師和工人，協助工廠運作。蘇聯無疑也受到泰勒 (Frederick Taylor) 的時間與動作效率理論（泰勒主義）以及福特（Henry Ford）的大量生產技術（福特主義）的深刻影響，並請美國專家協助實施這些方法。例如奇異公司（GE）在建設聶伯河的列寧水力發電廠時，參照了 1917 年至 1925 年間田納西河谷管理局的 Muscle Shoals 水力發電廠模式。奇異公司的庫珀（Hugh Cooper）擔任首席顧問，並於 1932 年獲得紅星勳章，成為首位獲此榮譽的外國人。

17. James Lilley with Jeffrey Lilley, China Hands: Nine Decades of Adventure, Espionage, and Diplomacy in Asia (New York: PublicAffairs, 2004), p. 228.
18. Lilley, China Hands, p. 229; and Mann, About Face, pp. 120–121.
19. 《一百八十度向後轉》(About Face) 的作者曼恩 (Mann) 提到，包括卡特總統本人在內的八名成員受到了鄧小平的熱烈接待，對於卡特與台灣斷交，鄧小平表示：「我們中國人民永遠不會忘記」。引述自該書第 123 頁。
20. “Arms Sales to Taiwan,” White House Memorandum for the Record from President Reagan to the Secretary of State George Shultz and Secretary of Defense Caspar Weinberger, 17 August 1982, Declassified 30 August 2019 by National Security Advisor John Bolton. Available at: china.usc.edu/sites/default/files/article/attachments/eagan-1982–08-17-arms-sales-to-taiwan.pdf. Accessed: June 20, 2023.
21. Lilley, China Hands, pp. 231–233. 作者李潔明（James Lilley）指出，至今依然困擾他的問題是，許多 CIA 的分析師「更偏向與中國建立戰略關係，而非對台灣作出任何承諾。事實上，... 台灣被視為一個障礙，甚至是改善與中國關係的累贅。」Lilley, China Hands, p. 234.
22. Lilley, China Hands, p. 248.
23. Lilley, China Hands, p. 248.
24. 雷根政府內部其它人也提出了這個問題，包括東亞助理國務卿保羅・伍夫維茲（Paul Wolfowitz）。國務卿舒茲和其它人認為，日本應當是美國在亞洲外交的主要焦點，因為它在與蘇聯的對抗提供了相當大的實力，這與中國形成對比。Mann, About Face, pp. 128–131.
25. Lilley, China Hands, p. 341.
26. Mann, About Face, pp. 167–173.
27. Mann, About Face, pp. 171–172.
28. Mann, About Face, pp. 176–182.
29. 這些事件詳見 Mann, About Face, pp. 179–180.
30. Han and Thayer, Understanding the China Threat, pp. 17–73.
31. Mann, About Face, p. 183.
32. Bill Keller, "Gorbachev Visits Beijing for Start of Summit Talks," New York Times, May 15, 1989. Available at: www.nytimes.com/1989/05/15/world/gorbachev-visits-beijing-for-start-of-summit-talks.html. Accessed: July 9, 2023.
33. Nicholas Kristof, "Hu Yaobang, Ex-Party Chief in China, Dies at 73," New York Times, April 16, 1989. Available at: www.nytimes.com/1989/04/16/obituaries/hu-yaobang-ex-party-chief-in-china-dies-at-73.html. Accessed: July 9, 2023.
34. Lilley, China Hands, p. 299.
35. Yang and Deng quoted in Lilley, China Hands, p. 302.
36. Lilley, China Hands, p. 309.
37. Quoted in Lilley, China Hands, p. 334.
38. 詳見 Barry Naughton, "The Impact of the Tiananmen Crisis on China's Economic Transition," in Jean-Philippe Béja, ed., The Impact of China's 1989 Tiananmen Massacre (London: Routledge, 2011), pp. 154–178.
39. Nicholas Kristof, "Deng Is Silent, and the Chinese Can't Tell Where the Power Is," New York Times, September 17, 1989. Available at: www.nytimes. com/1989/09/17/weekinreview/the-world-deng-is-silent-and-the-chinesecan-t-tell-where-the-power-is.html. Accessed: July 28, 2023.
40. Lilley, China Hands, p. 377.
41. Francis Fukuyama, "The End of History?" The National Interest, No.

16 (Summer 1989), pp. 3–18, 3. Emphasis original.

42. Fukuyama, "The End of History?" p. 3.

43. 柯林頓總統於 1994 年 1 月 25 日在華府發表國情咨文時說：「終極來說，確保我們國家安全以及建立穩固和平的最佳策略，就是在全世界各處推動民主。民主國家之間不會互相攻擊。」這一項戰略，在柯林頓政府 1994 年《國家安全戰略：接觸與擴展》中更進一步提出。國家安全顧問安東尼．雷克（Anthony Lake）在 1993 年 9 月 21 日於約翰霍普金斯大學的演講中，總結了這套設想：「首先，我們應該加強重要民主國家市場的共同體，包括美國本身，以構成了擴展進程的核心。其次，我們應該協助促進並鞏固新興的民主國家與市場經濟，尤其是具有特殊重要性與機遇的國家。第三，我們必須對抗那些對民主制度與市場經濟懷有敵意的國家的侵略行為，同時支持其自由化進程。第四，也是最後一點，我們要提供援助來推動我們的人道主義議程，在最需要人道關懷的地區協助民主與市場經濟生根發芽。」

44. 這是本書其中一位作者在參與 1999 年聯合軍事教育第一階段（JPME Phase 1）的親身經歷。

45. 經濟是基礎，也是國家實力的火車頭，而影響國家實力的其它相關要素中，較重要的有發明創新、技術發展、軍事效率、自然資源、人力資源等。

46. 最終草案在這幾點經大幅修訂，於 1992 年 4 月發布。

47. 1994 年，柯林頓將最惠國待遇（MFN）每年延續與否的問題與人權問題分離、脫鉤，但仍然每年一議。事實上，自 1980 年以來，美國政府每年都要確認是否延續中國的最惠國待遇，而每年結果也都是延續。2000 年 10 月，又為中國簽署了永久最惠國待遇（又稱 NTS，正常貿易地位）的法案，在中國加入 WTO 後生效。由於中國直到 2001 年 12 月才加入 WTO，因此在 2001 年 6 月，布希總統批准了最後一項豁免，國會也同樣批准了。

48. Mann, About Face, pp. 231–233; and pp. 279–283.

49. Mann, About Face, p. 282. 關於這些談判內容的另見：Larry M. Wortzel, "Missionary Zeal, Profits, and Constituent Interests," in

Shiping Hua, ed., The Political Logic of the U.S.-China Trade War (Lanham, MD: Lexington Books, 2022), pp. 171–192.

50. Mann, About Face, p. 283.
51. Mann, About Face, pp. 283–284.
52. Mann, About Face, pp. 284–285.
53. Mann, About Face, pp. 284–285.
54. Mann, About Face, p. 285.55.
55. Mann, About Face, pp. 285–288.
56. Mann, About Face, pp. 294–296.
57. 為了制定最惠國待遇永久化（PNTR）的法案，成立了「國會與行政部門中國問題委員會」（CECC），CECC 委員會成員為九名參議員、九名眾議員、國務院、商務部、勞工部指派的代表，以及兩名總統指派的代表，授權任務是觀察中國的人權、法治發展狀況，整理中國政府拘禁政治犯、維權人士的名單資料，向國會、總統提交年度報告。另外又成立了「美中經濟與安全審查委員會」（USCC，原先名稱沒有「經濟」，後來追加）。USCC 委員會負責觀察、調查雙邊貿易以及經濟關係對國家安全影響，以及中國是否遵守 WTO 規定，並每年向國會報告。參考詳見 Wortzel, “Missionary Zeal,Profits, and Constituent Interests,” pp. 173–174.
58. Mann, About Face, p. 295.
59. Mann, About Face, pp. 310–314.
60. Mann, About Face, pp. 329–331.
61. 1997 年 1 月 28 日柯林頓與江澤民共同新聞記者會發言謄錄稿。另見 James Mann, “U.S.-China Relationship: Economics and Security in Perspective,” written testimony before the U.S.-China Economic and Security Review Commission hearing, February 1,2007. Available at: www.uscc.gov/sites/default/files/2.1.2007mann_james_statement.pdf. Accessed: August 11, 2023.
62. 柯林頓 2000 年 3 月 8 日在約翰霍普金斯大學高等國際關係學院的演講。
63. John Mintz, “Missile Failures Led to Loral-China Link,” Washington

Post, June 12, 1998. Available at: www.washingtonpost.com/wp-srv/politics/special/campfin/stories/rocket061298.htm. Accessed: September 1, 2023.

64. Jonathan Peterson, "Clinton Was Warned Against China Launch," Los Angeles Times, 23 May 23, 1998. Available at: www.latimes.com/archives/la-xpm-1998-may-23-mn-52739-story.html. Accessed: September 1, 2023.

65. "Campaign Finance Key Player: John Huang," Washington Post, July 24, 1997, www.washingtonpost.com/wp-srv/politics/special/campfin/players/huang.html. Accessed: September 1, 2023.

66. 在 1990 年代也曾經採取了其它的一些非官方方式。在我們進行的一些訪談當中消息人士提到，李潔明（曾任美國國安委員會中國事務顧問、美國在台協會會長、美國駐中國大使、東亞事務副助理國務卿等職）曾經主持年度會議，以及針對中國人民解放軍戰略目標的紅藍軍模擬對抗。詳見 Lilley, China Hands.

67. 小布希（當時任德州州長）1999 年 11 月 19 日在加州西米谷雷根總統圖書館的演講，題目「旗幟鮮明的美國國際主義」（A Distinctly American Internationalism）。

68. 小布希政府內部的確進行了關於對台灣大型軍售的討論。然而正如下文所提到的，由於九一一事件，以及台灣的民進黨在首度執政時政治基礎尚未穩固，加上美國國內反對聲浪，這些因素造成了阻礙。消息來源為 2023 年 8 月 10 日與前雷根、小布希政府官員的電子郵件交流。

69. Robert B. Zoellick, "Whither China? From Membership to Responsibility," Remarks to National Committee on U.S.–China Relations, New York City, NY, September 21, 2005.

70. U.S. Department of Defense, Quadrennial Defense Review Report (Washington, D.C.: Department of Defense, 2006), p. 29.

71. Bradley A. Thayer, "While the U.S. Wasn't Watching, China Became the Strategic Beneficiary of 9/11," The Hill, March 8, 2019. Available at: thehill.com/opinion/international/431620-while-the-us-wasnt-

watching-china-became-strategic-beneficiary-of-9–11. Accessed: April 30, 2023.

72. 新华社，〈江泽民的大智慧抓住了 20 年战略机遇期〉，新华社，2020 年 07 月 21 日 . Available at: cn3.uscnpm.org/model_item.html?action=view&table=article&id=22428. Accessed: December 19, 2022.
73. 關於中國一帶一路倡議所帶來的發展機會，在肯特．卡爾德（Kent E. Calder）的這本書裡有詳盡介紹：Super Continent: The Logic of Eurasian Integration (Stanford: Stanford University Press, 2019).
74. 歐巴馬 2009 年 6 月 4 日在埃及開羅大學的演講 Available at: obamawhitehouse.archives.gov/the-press-office/remarks-president-cairo-university-6–04-09. Accessed: May 4, 2023.
75. 歐巴馬 2009 年 6 月 4 日在埃及開羅大學的演講：「美國並不認為自己知道什麼對每個人最好，就像我們不認為和平選舉的結果能夠事先決定一樣。但我有一個堅定的信念：所有人都渴望這些特定的事物：能夠表達自己的想法並參與決定治理方式、值得信賴的法治與公正性、一個公開透明並且不會竊取人民權益的政府、有按照自己選擇方式生活的自由。這些不光只是美國的理念，它們是：人權。這就是為什麼我們將在任何地方支持這些理念……民有、民選的政府為所有掌權者設立了一個共同的標準：你必須透過人民同意的方式，而非脅迫人民的方式來維持你的權力；你必須尊重少數族群的權利，以寬容與妥協的精神參政；你必須將人民利益以及程序正義置於你政黨利益之上。」
76. 歐巴馬 2011 年 11 月 17 日在澳洲國會的演講。Available at: obamawhitehouse.archives.gov/the-pressoffice/2011/11/17/remarks-president-obama-australian-parliament. Accessed: May 4, 2023.
77. 關於中國 2012 年升級在黃岩礁的海上行動，參照：Ryan D. Martinson, Echelon Defense: The Role of Sea Power in Chinese Maritime Dispute Strategy, U.S. Naval War College, China Maritime Studies Institute Red Books, Study No. 15, (2018). Available at: digital-commons. usnwc.edu/cgi/viewcontent.cgi?article=1014&context=cmsi-red-books. Accessed: August 28, 2023.

78. Fanell, “Asia Rising,” p. 20.
79. Dzirhan Mahadzir, “VIDEO: China Coast Guard Blast Philippine Military Resupply with Water Cannons,” USNI News, August 7, 2023. Available at: news.usni.org/2023/08/07/video-china-coast-guard-blast-philippine-military-resupply-with-water-canons. Accessed: August 28, 2023.
80. 1951 年 8 月 30 日在華盛頓簽署的《美菲共同防禦條約》Available at: www.officialgazette.gov.ph/1951/08/30/mutual-defense-treaty-between-the-republic-of-the-philippines-and-the-united-states-of-america-august-30–1951. Accessed: August 12, 2023.
81. 有關中國自 2013 年起在南沙群島建造基地的細節，參考 CSIS Asia Maritime Transparency Initiative “China Island Tracker.” Available at: amti.csis.org/island-tracker/china. Accessed: August13, 2023.
82. 引述自 Ryo Nakamura, “U.S. and Philippines Rapidly Draw Near to Counter China,” Nikkei, May 2, 2023. Available at: asia.nikkei.com/Politics/International-relations/U.S.-and-Philippines-rapidly-draw-near-to-counter-China. Accessed: May 2, 2023.
83. 美國國務卿龐培歐 2020 年 7 月 23 日在美國加州的尼克森總統圖書館暨博物館演說，題目：「共產中國與自由世界的未來」(Communist China and the Free World’s Future) Available at: sv.usembassy.gov/secretary-michael-r-pompeo-remarks-at-the-richard-nixon-presidential-library-and-museum-communist-china-and-the-free-worlds-future. Accessed: August 31, 2023.
84. 同前項龐培歐演說。
85. 這些文件包括 NSS 美國國安戰略、非機密性的國防戰略摘要，以及核武態勢綜覽報告。
86. James E. Fanell and Bradley A. Thayer, “The Great Restoration: The Return to Engagement with Communist China,” American Greatness, September 25, 2023. Available at: amgreatness.com/2023/09/25/the-great-restorationthe-return-to-engagement-with-communist-china.

Accessed: September 25, 2023.

87. 後來繼任的江澤民也遵循了這個路線，1999 年在英國劍橋大學的演說中承諾，中國永遠不會尋求稱霸。接下來的繼任者胡錦濤，不僅口頭重申了不稱霸的說法，還在 2008 年博鰲亞洲論壇的年度會議主講演說中，加上了：「永遠不會有擴張行動」。
88. Xu Jian, "Rethinking China's Period of Strategic Opportunity," China International Studies (March/April 2014), pp. 51–70. Available at: www.ciis.org.cn/english/2014–05/28/content_6942258.htm. Accessed: January 19, 2023.
89. 參照 James Mann, The China Fantasy: Why Capitalism Will Not Bring Democracy to China (New York: Viking Penguin, 2007); and Stewart Paterson, China, Trade and Power: Why the West's Economic Engagement Has Failed (London: London Publishing Partnership, 2018).
90. 2005 年 11 月 19 日胡錦濤在亞太經合會 (APEC) 的 CEO 會議上發言。
91. Bradley A. Thayer and Lianchao Han, "Our Real Problem with China: Xi Jinping," The Spectator, May 10, 2019. Available at: spectator.us/problem-china-xi-jinping. Accessed: April 19, 2023.
92. Paterson, China, Trade and Power, p. 12.
93. Paterson, China, Trade and Power, p. 12.
94. Paterson, China, Trade and Power, p. 12.
95. Paterson, China, Trade and Power, p. 141.
96. 這一點是派特森 (Paterson) 著作《中國：貿易與權力》(China, Trade and Power) 的主要論點。
97. Mann, The China Fantasy, pp. 103–104.
98. Mann, The China Fantasy, pp. 104–105.
99. Paterson, China, Trade and Power, p. 148.
100. Ben Westcott, "Chinese media calls for 'people's war' as US trade war heats up", New York Times, May 14, 2019. www.edition.cnn.com/2019/05/14/asia/china-us-beijing-propaganda-intl/index.html.

101. Department of Homeland Security, "DHS Warns American Businesses about Data Services and Equipment from Firms Linked to Chinese Government," 22 December 2020. Available at: www.dhs.gov/news/2020/12/22/dhs-warns-american-businesses-about-data-services-and-equipment-firms-linked-chinese. Accessed: July 1, 2023.
102. National Counterintelligence and Security Center, "Safeguarding Our Future: U.S. Business Risk: People's Republic of China (PRC) Laws Expands Beijing's Oversight of Foreign and Domestic Companies," 20 June 2023. Available at: www.dni.gov/files/NCSC/documents/SafeguardingOurFuture/FINAL_NCSC_SOF_Bulletin_PRC_Laws.pdf.Accessed: July 10, 2023.

第三章

1. James Carafano, "Robert Gates: 21st Century Cold Warrior," The Heritage Foundation, August 4, 2009. Available at: www.heritage.org/defense/commentary/robert-gates-21st-century-cold-warrior. Accessed: July 15, 2023.
2. John B. Hattendorf, The Evolution of the U.S. Navy's Maritime Strategy,Newport Papers No. 20 (2004). Available at: digital-commons.usnwc.edu/usnwc-newport-papers/20. Accessed: September 2, 2023.
3. 更早一個世代之前，奈伊在這本著作中首先提出了「軟實力」的概念：The Changing Nature of American Power (New York: Basic Books, 1991) 接下來在這本著作中又進一步發展，完整闡述了「軟實力」的概念：The Means to Success in World Politics (New York: Public Affairs, 2005)
4. 關於孔子學院，參照： Lee Edwards, "Confucius Institutes: China's Trojan Horse," Heritage Foundation, May 27, 2021. Available at: www.heritage.org/homeland-security/commentary/confucius-institutes-chinas-trojan-horse. Accessed: July 12, 2023.
5. 一個突出的案例是 2004 年 12 月 26 日海嘯發生在印度洋附近的

蘇門答臘，造成約30萬人喪生。美國是第一個作出回應的國家，立即派遣海軍的林肯號航空母群投入救助行動，又派出理察號航母群。並迅速發起了「聯合援助行動」（Operation Unified Assistance），提供大量援助，並派遣美國軍隊赴南亞、東南亞地區數個月協助災後工作。大約兩萬名美國士兵、海軍、空軍和海軍陸戰隊員參與了救援工作，提供水、食物、醫療、疾病治療與預防，並提供法醫協助辨認死者遺體。如此艱鉅的任務只有美軍才能完成，沒有其它國家或國際組織擁有如美軍的通訊能力、全球運輸能力。中國注意到了美國的成功，因此中國發展了類似美國海軍醫院船「安慰號」（Comfort）、「仁慈號」（Mercy）的920型「和平方舟」醫院船，以及航空母艦部隊，目前已經擁有三艘航母。

6. 參閱 Colin S. Gray, Schools for Strategy: Teaching Strategy for 21st Century Conflict (Carlisle, PA: Strategic Studies Institute, U.S. Army War College, 2009), pp. 40–51.
7. Carl von Clausewitz, On War, edited and translated by Michael Howard and Peter Paret (Princeton, N.J.: Princeton University Press, 1976), p. 141.
8. 引述自 Correlli Barnett, The Swordbearers: Studies in Supreme in the First World War (London: Eyre and Spottiswoode, 1953), p. 195.
9. 參閱 Bradley A. Thayer, "Colin Gray and Strategic Thought," Comparative Strategy, Vol. 40, No. 2 (2021), pp. 128–132.
10. Colin S. Gray, Strategy and History: Essays on Theory and Practice (New York: Routledge, 2006), pp. 51–53 and pp. 78–79.
11. Gray, History and Strategy, p. 51; and Thayer, "Colin Gray and Strategic Thought," pp. 128–132.
12. von Clausewitz, On War, pp. 119–121. 在中國的戰略思想中，缺乏了對克勞塞維茲理論中「摩擦」（friction）的概念。對於中美冷戰的升級來說，這是一個需要考量的因素。
13. Gray, Schools for Strategy, pp. 40–51.
14. 引述自 Andrew F. Krepinevich and Barry D. Watts, The Last Warrior: Andrew Marshall and the Shaping of Modern American Defense

Strategy (New York: Basic Books, 2015), p. 247.

15. 2023 年 9 月 10 日訪談退役海軍陸戰隊上校格蘭特・紐夏上校（Grant Newsham）

16. 飛行員訓練與持續教育（continuing education）是一個很有價值的參考。許多人接受飛行訓練，然後成為飛行員之後，教育和訓練並不會停止，在他們的職業生涯中會進行再訓練和認證，並且資深的飛行教官會負責指導教育年輕飛行員。這項制度有著很大的貢獻，使美國航空業在飛安品質各方面表現優異。

17. Colin S. Gray, The Strategy Bridge: Theory for Practice (New York: Oxford University Press, 2010).

18. 在第二次世界大戰中，羅斯福總統與參謀長聯席會議之所以有信心能在長期戰爭中戰勝德國、日本、義大利，最關鍵的理由是：物資生產力以及士兵訓練方面是美國占優勢。當然，盲目自信是錯誤的心態，但事實上，如果已清楚認識到美國擁有的優勢與實力，並且對美國的弱點也有所認識，那麼自信就不會是盲目的。從另一個角度來看，美國的決策者也必須了解對手的優勢和弱點，並制定策略，在理想的狀況下，將競爭引導到以美國強項來對抗對手弱項的領域。

19. RADM Edwin T. Layton, USN (Ret.), And I Was There: Pearl Harbor and Midway—Breaking the Secrets (New York: William Morrow, 1985), p. 438.

20. Charles Richard, former Commander, US Strategic Command, "Virtual Event: A Conversation with Admiral Richard," Hudson Institute, August 26, 2021. Available at: s3.amazonaws.com/media.hudson.org/Transcript-%20A%20Conversation%20with%20Admiral%20Richard.pdf. Accessed: July 10, 2023.

21. John Koht, "Yang Reportedly Says Carrier to Be Purchased," South China Morning Post, December 14, 1992, p. 10. Accessed: July 24, 2023.

22. Koht, "Yang Reportedly Says Carrier to Be Purchased."

23. William C. Triplett II, "“Inside China's Scary New Military-Industrial

Complex," Washington Post, May 8, 1994. Available at: www.washingtonpost.com/archive/1994/05/08/inside-chinas-scary-new-military-industrial-complex/24d132d0-a7aa-453f-bd11-cd87c938ced3. Accessed: August 18, 2023.
24. 2023 年 8 日 15 日對崔普雷進行訪談。
25. Richard Fisher, "10 Years of Illegal China-North Korea Nuclear Missile Cooperation," Epoch Times, April 15, 2022. Available at: www.theepoch times.com/10-years-of-illegal-china-north-korea-nuclear-missile-cooperation_4406600.html?slsuccess=1. Accessed: September 5, 2023.
26. H.I. Sutton, "North Korea's New Submarine Carries 10 Nuclear Missiles," Naval News, September 8, 2023. Available at: www.navalnews.com/naval-news/2023/09/north-koreas-new-submarine-carries-10-nuclear-missiles. Accessed: September 5, 2023.
27. 由 2023 年 9 月 8 日對瑞克·費雪 (Rick Fisher) 進行訪談所整理的觀點。
28. Bill Gertz, Breakdown: How America's Intelligence Failures Led to September 11 (Washington, D.C.: Regnery Publishing, 2002), p.73.
29. Gertz, Breakdown, p. 74
30. Gertz, Breakdown, p. 75.
31. James E. Fanell, "China's Global Navy—Today's Challenge for the United States and the U.S. Navy," Naval War College Review, Vol. 73, No. 4 (Autumn 2020), p. 26.
32. 2023 年 9 月 10 日訪談退役海軍陸戰隊上校格蘭特·紐夏上校 (Grant Newsham)
33. James Fanell and Bradley Thayer, "We Need a New 'Admirals' Revolt,'" American Greatness, June 25, 2023. Available at: amgreatness. com/2023/06/25/we-need-a-new-admirals-revolt. Accessed: June 25, 2023.
34. "China Naval Modernization: Implications for U.S. Navy Capabilities—Background and Issues for Congress," RL33153,

Congressional Research Service, Updated 19 October 2023, p. 9. Available at: crsreports.congress.gov/product/pdf/RL/RL33153/275. Accessed: December 20, 2023.
35. China Naval Modernization: Implications for U.S. Navy Capabilities—Background and Issues for Congress," p. 9.
36. Edward Timberlake and William C. Triplett II, Red Dragon Rising: Communist China's Military Threat to America (Washington, D.C.: Regnery, Publishing, 2002), p. 133.
37. William C. Triplett II, "Dangerous Embrace," New York Times, September 10, 1994, Available at: www.nytimes.com/1994/09/10/opinion/dangerous-embrace.html?searchResultPosition=167. Accessed: July 10, 2023.
38. 2023 年 8 日 15 日對崔普雷進行訪談。
39. 同前項。
40. 同前項。
41. Caitlin Campbell, "China Primer: U.S.-China Military-to-Military Relations," Congressional Research Service, January 4, 2021. Available at: crsreports.congress.gov/product/pdf/IF/IF11712. Accessed: July 31, 2023.
42. 2023 年 8 日 15 日對崔普雷進行訪談。.
43. 2005 年 2 月 5 日美軍小鷹號航空母艦停泊香港時，本書作者之一親眼所見。
44. David Lague, "U.S. Commander Given Tour by Chinese Military," New York Times, August 21, 2007. Available at: www.nytimes.com/2007/08/21/world/asia/21cnd-china.html. Accessed: July 10, 2023.
45. "Freedom of Navigation Patrols May End 'In Disaster': Chinese Admiral," Reuters, July 18, 2016. Available at: www.reuters.com/news/picture/freedom-of-navigation-patrols-may-end-in-idUSKCN0ZY0FJ. Accessed: August 11, 2023.
46. James Fanell, "Stop 'Engagement at All Costs,'" USNI Proceedings, September 2016, p. 10.

47. Fanell, "Stop 'Engagement at All Costs,'" p. 10.
48. Bill Owens, "America Must Start Treating China as a Friend," Financial Times, November 17, 2009. Available at: www.ft.com/content/69241506-d3b2–11de-8caf-00144feabdc0. Accessed: September 7, 2023.
49. Bill Gertz and Rowan Scarborough, "Inside the Ring: Abandoning Taiwan," Washington Times, July 30, 1999, p. A11. 作者們還發現到，十年後布萊爾海軍上將仍在為這些言論辯護，當時他因歐巴馬總統提名國家情報局局長而在參議院作證。參照：William Lowther, "U.S.' Blair defends 'turd' comment, Taiwan record," Taipei Times, February 19, 2000. Available at: www.taipeitimes.com/News/taiwan/archives/2009/02/01/2003434953. Accessed: September 5, 2023.
50. Nick Schifrin and Dan Sagalyn, "Indo-Pacific Commander Discusses Rising Tensions with China, Future of the Region," PBS News Hour, December 15, 2022. Available at: www.pbs.org/newshour/show/pacific-commander-of-u-s-navy-discusses-rising-tensions-with-china-future-of-region. Accessed: July 5, 2023.
51. Chief of Naval Operations: Navigation Plan 2022, United States Navy, Chief of Naval Operations, 26 July 2022, p. 3. Available at: www.dvidshub.net/publication/issues/64582 Accessed: September 10, 2023.
52. Chief of Naval Operations: Navigation Plan 2022, p. 3.
53. United States Statutes at Large, 1939–41, Vol. 54, Part 1 (Washington, D.C.: Government Printing Office, 1941), pp. 394–396. Available at: www.history.navy.mil/browse-by-topic/wars-conflicts-and-operations/world-war-ii/1941/prelude/naval-expansion-act-14-june-1940.html. Accessed: September 10, 2023.
54. "Military Must Focus on Current Wars, Gates Says," NBC News/Associated Press, May 13, 2008. Available at: www.nbcnews.com/id/wbna24600218. Accessed: May 1, 2023.
55. 參照 "Military Must Focus on Current Wars, Gates Says."
56. 關於法倫海軍上將的意見，參照："Chinese Invited to Watch US

Exercises Off Guam," New York Times, May 15, 2006.Available at: www.nytimes.com/2006/05/15/world/asia/15iht-games.html. Accessed: September 12, 2023. Adm. Keating's comments are quoted in Al Pessin, "US Commander Calls Chinese Interest in Aircraft Carriers 'Understandable,'" Voice of America, May 12, 2007, available at: www.voanews.com/a/a-13-2007-05-12-voa5/332480.html. Accessed: September 12, 2023.

57. Trevor N. Dupuy, A Genius for War: The German Army and General Staff, 1807–1945 (Fairfax, VA: Hero Books, 1977).
58. 以下這本書寫出了關於滲透的問題並提出了解決方案：Frank Gaffney, with Dede Laugesen, The Indictment: Prosecuting the China Communist Party and Friends for Crimes Against America, China, and the World (New York: Skyhorse Publishing, 2023).
59. 2023 年 9 月 10 日訪談退役海軍陸戰隊上校格蘭特・紐夏上校（Grant Newsham）
60. M. Taylor Fravel, J. Stapleton Roy, Michael D. Swaine, Susan A. Thornton, and Ezra Vogel, "Making China a U.S. Enemy Is Counterproductive," Washington Post, July 3, 2019. Available at: www.washingtonpost.com/opinions/making-china-a-us-enemy-is-counterproductive/2019/07/02/647d49d0–9bfa-11e9-b27f-ed2942f73d70_story.html. Accessed: September 4, 2023.
61. Fravel, Roy, Swaine, Thornton, and Vogel, "Making China a U.S. Enemy Is Counterproductive."
62. Fravel, Roy, Swaine, Thornton, and Vogel, "Making China a U.S. Enemy Is Counterproductive."
63. 針對這封親中的信件，兩個星期後，2019 年 7 月 18 日《政治風險期刊》(Journal of Political Risk) 刊載了〈請保持對抗中國的路線：給川普總統的一封公開信〉，這封公開信由 130 位來自美國各地的愛國人士簽署。（Available at: www.jpolrisk.com/stay-the-course-on-china-an-open-letter-to-president-trump. Accessed: September 4, 2023. ）而由以下這個例子可以看到，中國政府如何企圖懲罰反中人士、使他們噤聲：中國外交部在 2019 年 7 月 22 日在例行記者會上批判了這封信，批判內容記載於新華社網頁的「重要新聞」欄目，文章標題為〈外交部：美反　公开信左右不了中美关系前进方向。〉（Available at: www.xinhuanet.com/world/2019-07/22/c_1124784885.htm. Accessed: September 4, 2023.）中國外交部發言人耿爽在記者問到關於這封信的問題時表示：「這封所謂的公開信，充滿了意識形態偏見以及冷戰的零和思維，在各方面抹黑中國的內政與外交政策，強烈煽動中美衝突，並包含了毫無根據的內容。該信的簽署者甚至包括法輪功邪教分子，公開信的嚴肅性大打折扣。」

第四章

1. 「Losing the bubble」（失去氣泡）是一個航海術語，意思是指感到困惑、對正在發生事情失去掌握。航海用的六分儀上有一個氣泡，必須保持水平才能正確對準。「失去氣泡」意味著失去了水平參考，並且失去了定位。在本書語境中指失去對中國威脅的警覺。
2. Kate O'Keeffe and Aruna Viswanatha, "A DuPont China Deal Reveals Cracks in U.S. National-Security Screening", Wall Street Journal, August 12, 2023. Available at: www.wsj.com/articles/a-dupont-china-deal-reveals-cracks-in-u-s-national-securityscreening665cb50c?st=23ezcvp2wb3l57r&reflink=article_email_share. Accessed: August 12, 2023.
3. 2023 年 8 月 8 日訪談川普任內的前副國安顧問查爾斯．庫珀曼（Charles Kupperman）
4. Han and Thayer, Understanding the China Threat, pp. 163–186.

第五章

1. 引述自 Warren I. Cohen, America's Response to China, 4th ed. (New York: Columbia University Press, 1990), p. 179.
2. 我們補充一點，當中國走向民主，同時許多人也會毫不猶豫趕緊出手大賺一筆，藉由中國的崛起獲取利益。

3. Gina Raimondo, "U.S. Secretary of Commerce Gina Raimondo Delivers Remarks Ahead of Bilateral Meeting with PRC Minister of Commerce Wang Wentao," U.S. Commerce Department, 28 August 2023, Available at: www.commerce.gov/news/speeches/2023/08/us-secretary-commerce-gina-raimondo-delivers-remarks-ahead-bilateral-meeting. Accessed: August 30, 2023.
4. 拜登總統 2023 年 9 月 10 日在白宮新聞記者會上的發言。Available at: www.whitehouse.gov/briefing-room/speeches-remarks/2023/09/10/remarks-by-president-biden-in-a-press-conference-2/. Accessed: September 1, 2023.
5. 英國國家檔案：United Kingdom, The National Archives, CAB 23/15/616A, dated August 15, 1919, p. 1. Available at: filestore.nationalarchives.gov.uk/pdfs/small/cab-23–15-wc-616a.pdf. Accessed: September 1, 2023.
6. Lord Ismay, The Memoirs of General Lord Ismay (New York: Viking Press, 1960), p. 99.

國家圖書館出版品預行編目 (CIP) 資料

親密敵人：錯抱中國共產黨，美國如何修正最致命的戰略失誤？ / 詹姆斯 . 法內爾 (James E. Fanell), 布拉德利 . 塞耶 (Bradley A. Thayer), 史蒂芬 . 班農 (Stephen K. Bannon) 著 ; 高仲良譯 . -- 初版 . -- 新北市 : 明白文化事業有限公司出版 : 遠足文化事業股份有限公司發行 , 2025.07

面 ; 公分 . -- (Horizon 視野 ; 17)

譯自 : Embracing Communist China : America's greatest strategic failure.

ISBN 978-626-99653-7-3 (平裝)

1.CST: 中美關係 2.CST: 國際關係 3.CST: 地緣政治 4.CST: 美國外交政策

578.522 114005006

Horizon 視野 017

親密敵人：
錯抱中國共產黨，美國如何修正最致命的戰略失誤？

Embracing Communist China: America's Greatest Strategic Failure

---

作者　詹姆斯·法內爾（James E. Fanell）、
　　　布拉德利·塞耶（Bradley A. Thayer）
前言作者　史蒂芬·班農（Stephen K. Bannon）
譯者　高仲良

明白文化事業有限公司

社長暨總編輯　林奇伯
責任編輯　楊鎮魁
文稿校對　楊鎮魁
封面設計　児日設計
內文排版　大光華印務部

出版　明白文化事業有限公司
　　　地址：231 新北市新店區民權路 108-3 號 6 樓
　　　電話：02-2218-1417　傳真：02- 8667-2166
發行　遠足文化事業股份有限公司（讀書共和國出版集團）
　　　地址：231 新北市新店區民權路 108-2 號 9 樓
　　　郵撥帳號：19504465 遠足文化事業股份有限公司
　　　電話：02-2218-1417
　　　讀書共和國客服信箱：service@bookrep.com.tw
　　　讀書共和國網路書店：https://www.bookrep.com.tw
　　　團體訂購請洽業務部：02-2218-1417 分機 1124
法律顧問　華洋法律事務所 蘇文生律師
印製　中原造像股份有限公司
出版日期　2025 年 7 月初版
定價　550 元
ISBN　978-626-99653-7-3（平裝）
　　　978-626-99653-1-1（EPUB）
　　　3JHR0017

AMERICA'S GREATEST STRATEGIC FAILURE

EMBRACING COMMUNIST CHINA

BOOK REPUBLIC
讀書共和國出版集團
發行平台

明白

ISBN 978-626-99653-7-3 | 3JHR0017 | NTD 550
建議書區：社會科學、國際關係、外交